浙江工商大学课程思政教学优秀案例汇编
（视频类）

赵英军　厉小军　向　荣主　编

浙江工商大学出版社
ZHEJIANG GONGSHANG UNIVERSITY PRESS
·杭州·

图书在版编目(CIP)数据

浙江工商大学课程思政教学优秀案例汇编. 视频类 /
赵英军,厉小军,向荣主编. — 杭州:浙江工商大学出
版社,2023.5
ISBN 978-7-5178-5059-5

Ⅰ. ①浙… Ⅱ. ①赵… ②厉… ③向… Ⅲ. ①思想政
治教育—教案(教育)—高等学校 Ⅳ. ①G641

中国版本图书馆CIP数据核字(2022)第139231号

浙江工商大学课程思政教学优秀案例汇编(视频类)

ZHEJIANG GONGSHANG DAXUE KECHENG SIZHENG JIAOXUE YOUXIU ANLI
HUIBIAN (SHIPIN LEI)

赵英军　厉小军　向　荣主　编

责任编辑	黄拉拉
责任校对	沈黎鹏
封面设计	云水文化
责任印制	包建辉
出版发行	浙江工商大学出版社
	(杭州市教工路198号　邮政编码310012)
	(E-mail:zjgsupress@163.com)
	(网址:http://www.zjgsupress.com)
	电话:0571-88904980,88831806(传真)
排　版	杭州朝曦图文设计有限公司
印　刷	浙江全能工艺美术印刷有限公司
开　本	787mm×1092mm　1/16
印　张	14.25
字　数	295千
版 印 次	2023年5月第1版　2023年5月第1次印刷
书　号	ISBN 978-7-5178-5059-5
定　价	59.00元

序　言

习近平总书记在2016年12月7—8日召开的全国高校思想政治工作会议上强调："各门课都要守好一段渠、种好责任田,使各类课程与思想政治理论课同向同行,形成协同效应。"浙江工商大学坚决贯彻实施习近平新时代中国特色社会主义思想和习近平关于教育的重要论述及全国、全省教育大会精神,在打造"重要窗口"与推进"两个先行"建设中勇于担当,紧紧抓住教师队伍"主力军"、课程建设"主战场"和课堂教学"主渠道"这一主线,全面推动课程思政建设工作,通过加强课程思政教学研究,提升教师课程思政建设意识和能力,推动课程思政贯穿教学全过程,实现育人与育才相统一。

2019年,浙江工商大学被浙江省教育厅列为浙江省"三全育人"综合改革重点支持高校,成为"课程育人"牵头高校。学校深入贯彻党中央、教育部和浙江省委文件要求,全面推进"三全育人"综合改革试点工作,不断提升课程思政建设实效性,从顶层设计、制度建设、特色凝练和培养体系等4个方面加以具体落实。

第一,强化顶层设计。学校党委紧紧围绕立德树人的根本任务,通过"八个坚持、八个融入",全面推进"课程思政"和"思政课程"同向同行。坚持立德树人,把思想政治工作融入教育教学过程,把理想信念教育融入专业教育课程。

第二,推进制度建设。学校将课程思政建设写入《浙江工商大学一流本科教育建设行动计划》,制订了《浙江工商大学课程思政建设实施方案》;成立由党委统一领导的课程思政建设领导小组,明确课程思政进大纲、进教案、进评价;成立课程思政教学研究中心,带动思政课教学改革向纵深发展,推动师资培训和课程思政示范课程建设。学校于2021年成为浙江省高等学校课程思政示范校,目前已有30门浙江省课程思政示范课程、20个浙江省课程思政专项研究项目,其中6门课程在浙江省高校教师教学创新大赛课程思政专项赛中获奖。

第三,凝练"一院一品"。根据不同学科、不同专业、不同课程的特点,学校大力推进"一院一品"建设,即每一个学院都要有一个体现专业特点的品牌项目,全校形成"商大"特色的课程思政育人新格局。各学院、各专业以"课程思政工坊""党建＋课程"等形式,结合课程思政示范课程项目建设,组织开展课程思政研讨交流和示范观摩,推动具有浙江特色和浙商大特质的课程思政体系建设。

第四,完善培养体系。学校结合专业人才培养目标和特色,将课程思政贯穿人才培养体系,实现专业教育和思政教育的有机融合,打造既具有高阶性、创新性、挑战度,又具有课程育人时代性和实效性的一流课程。

"浙江工商大学课程思政教学改革建设成果汇编"系列丛书是我们在第一阶段探索与建设的成果。该成果包括课程思政教学优秀案例汇编(分为文本类及视频类)和课程思政教学研究优秀论文集2个系列,共3本书。基于课程思政建设的高标准,我们精选了35个课程思政文本类案例、24个课程思政视频类案例及32篇课程思政教学研究论文。

培养什么人、怎样培养人、为谁培养人是教育的根本问题,立德树人成效是检验高校一切工作的根本标准。浙江工商大学将继续坚决和全面贯彻习近平新时代中国特色社会主义思想和习近平总书记关于教育的重要论述及全国、全省教育大会精神,扛起"三地一窗口"的使命担当,在实现"两个先行"的新征程中,全面推动课程思政建设,提高人才培养质量,实现育人与育才相统一。

赵英军

2022年6月

目 录

"企业危机管理"课程思政微课设计

向　荣[①]　岑　杰[②]　殷西乐[③]

一、基本信息

"企业危机管理"课程基本信息如表1所示。

表1　"企业危机管理"课程基本信息

课程名称	企业危机管理		
课程性质	工商管理类专业课程	授课对象	工商管理类专业本科生
微课章节名称	(1)居安思危，动态变化——从新冠疫情看危机本质	(2)处变不惊，果断封城——从新冠疫情看危机决策	(3)防控得力，经济增长——从新冠疫情看危机领导力

二、教学设计

(一)切入课程思政的课程知识点

表2展示了"企业危机管理"课程思政的切入点。

表2　"企业危机管理"课程思政教学的切入点

专业知识点	专业知识教学重点和难点	课程思政微视频	专业知识点与思政知识点的融合
危机本质	危机是一个带来损失的事件还是常态的持续异化？	课程思政微视频1：居安思危，动态变化，从新冠疫情看危机本质	比较新冠疫情在中国和美国的传播情况，说明危机的本质在于其持续变化的过程，而不仅仅是一个事件

① 向荣，浙江工商大学工商管理学院教授。
② 岑杰，浙江工商大学工商管理学院副教授。
③ 殷西乐，浙江工商大学工商管理学院副教授。

1

续　表

专业 知识点	专业知识教学 重点和难点	课程思政微视频	专业知识点与 思政知识点的融合
危机决策	危机决策:组织和人员在高度逆境中(有限的时间、资源、人力等约束条件下)应对危机情景而采取的战略与策略选择	课程思政微视频2:处变不惊,果断封城,从新冠疫情看危机决策	剖析新冠疫情防控中,党和政府果断下令武汉"封城",使得疫情的后续传播迅速减弱,说明危机决策与常规决策的本质区别:反应时间极其有限,人力约束、资源紧张情况下的高水平决策
危机领导力	危机领导者在面对企业隐藏隐患时,预见危机;在危机发生时,经过对危机事件全面深入的剖析,控制危机态势,加快企业危机的修复速度,组织企业上下共同消除危机	课程思政微视频3:张弛有道,经济增长,从新冠疫情看危机领导力	对比中、美疫情防控的举措及效果,说明危机领导力的含义及本质,包括隐患判别力、快速反应力和反思借鉴力;更为重要的是价值观导向和大数据处理等基础能力

(二)课程育人目标

表3展示了"企业危机管理"课程思政的育人目标、支撑资源及实施途径。

表3　"企业危机管理"课程思政育人目标、支撑资源及实施途径

课程思政的 教育目标	课程思政的 支撑资源	课程思政的 实施途径和方式
深刻理解我国制度的优越性及其社会基础,增强学生的制度自信	新冠疫情防控中"武汉封城"是极具代表性的危机事件和危机决策案例。对"武汉封城"的诸多决策因素的描述和剖析、决策环境的刻画、决策主体的梳理,让学生理解我国的制度优势在整个封城过程中所起到的主动性作用,从而增强学生的制度自信	对比分析新冠疫情在中、美两国的传播情况,说明危机的本质在于其动态蔓延性。 结合"危机决策"知识点和"武汉封城"思政点,认识党和政府的高水平且及时决策,认识我国的制度优势,产生了润物细无声的思政嵌入效果
基于危机决策视角剖析武汉"封城"过程,扩大学生的社会胸怀	在"武汉封城"的危机事件中,不仅涉及党和国家领导人将人民的生命健康安全放在首位的决策立足点,也涉及整个社会体现出来的强大动员能力和强大支撑能力	以危机决策的视角切入武汉封城过程中各类社会力量的参与,扩大了学生的社会胸怀
剖析新冠疫情高峰时期,"武汉封城"背后各类队伍前赴后继、先人后己支援武汉,增强学生的奉献意愿	在"武汉封城"过程中,建设、生活、医疗、交通等各个领域都涌现出很多感人至深的事迹,特别是各类志愿者展现了危机来临时的大爱和大奉献精神。对这一事件的回顾和深入了解,能够增强学生自身的奉献意愿	危机的有效防控和处理,需要多种资源的综合支持与配合,武汉新冠疫情的有效防控正是典型示范

课程思政的 教育目标	课程思政的 支撑资源	课程思政的 实施途径和方式
基于大数据统计,对比分析中、美在新冠疫情防控中,从措施到效果的巨大反差,认识到中国共产党和政府的卓越领导力,增强学生对党和政府的认可和拥护	结合我国新冠疫情防控特别是"武汉封城"事件中,党中央、群众和行政体系所表现出来的果断魄力、广泛定力和卓越执行力,引导学生理解和认同我国以人民为中心的社会主义道路和理论体系、治理能力的现代化建设、顾全大局的文化传承是防疫必然会成功的根本所在	各类资源的综合匹配,各类人员的无私奉献、综合协同。 卓越的领导力表现为对隐患的判别力、快速的反应力和反思借鉴力;更为重要的是价值观导向和大数据处理等基础能力

(三)知识点与思政教育结合的教学设计

1.危机本质:知识点与思政教育结合的教学设计

图1从知识点与思政教育相结合的角度,展示"企业危机管理"课程中的危机本质。

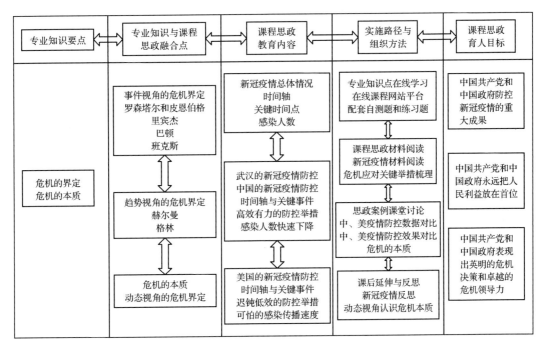

图1　"企业危机管理"课程中的危机本质

2.危机决策:知识点与思政教育结合的教学设计

表4从知识点与思政教育相结合的角度,展示"企业危机管理"课程中的危机决策。

表4 "企业危机管理"课程中的危机决策

递进式安排	知识点关联	思政教育嵌入	组织形式和教学方法	达到效果
暖身阶段	危机决策表现与内涵	引发思考	互动讨论	暖身
导入阶段	武汉封城事件的决策要点	思政铺垫	视频展示	铺垫
分析阶段	危机决策特点1	制度自信 社会胸怀	深入分析	知识学习+思政嵌入
	危机决策特点2	制度自信	视频展示	知识学习+思政嵌入
	危机决策特点3	制度自信 奉献精神	深入分析	知识学习+思政嵌入
感染阶段	武汉封城的决策后果	制度自信 奉献精神	视频展示	思政嵌入
总结阶段	回顾封城事件和知识点	思政总结	分析总结	知识学习+思政嵌入

3.危机领导力:知识点与思政教育结合的教学设计

(1)知识点与思政教育的衔接。

本章知识点为危机领导力相关内容。学生通过学习党中央在新冠疫情期间所表现出来的卓越的危机领导力,能够正确认知危机领导力背后是党中央果断的魄力、群众广泛的定力,以及国家整体卓越的执行力。进一步地强调,这3种能力与我国选择的道路、坚持的理论、建设的制度、传承的文化密切相关。

(2)具体思政教育内容。

①新冠疫情暴发期间,中央政府表现出的魄力除了领导人的人格魅力,还与中国社会主义道路和中国特色社会主义理论体系秉持"以人为本"密切相关,只有坚持以人民为中心,才能将人民健康和安全置于经济发展等其他目标之上,进而果断做出决策。

②群众广泛的定力源自中华民族舍小家、顾大家的文化传承,在危急时刻能够团结一致、守望相助,相信中央、相信科学。这与欧美国家某些人群打着民主、自由的旗号干扰防疫、损人不利己的做法截然不同。

③国家卓越的执行力源自国家治理体系和治理能力的现代化建设,具体表现出全国一致的高超动员力和执行力,而国家治理能力建设的背后实质上是一系列制度设计。

综上,我国防疫工作的成功实质上是我们选择的道路、理论、制度和文化综合性作用的结果,这有利于学生更好地树立"四个自信"。

(3)组织实施方法。

为了引导学生主动思考、深度认同思政内容,课堂综合采用典型事例对比的例证式教学,学生深度讨论的案例教学,视频资料和线下学习相结合的混合式教学,以及头脑风暴和无领导小组讨论的翻转课堂教学等实施方法。

三、特色及创新

(一)元素与专业知识有机融合,拓展专业教学的广度

3个课程思政微课聚焦于中国新冠疫情危机防控,与"企业危机管理"课程专业知识深度结合,分别阐述了危机本质、危机决策和危机领导力,在"润物细无声"的知识学习中融入理想信念层面的精神指引。

(二)阶段递进式教学组织,加深专业教学的深度

同行"暖身—导入—分析—感染—总结"5个阶段的递进式课程思政教学,强调"嵌入、融入、渗入"以及"入耳、入脑、入心",实现德育学科思维与专业知识的融合,实现社会主义核心价值观的具体化、生动化。

(三)新冠疫情危机防控中人民利益始终在首位,展现课程思政教育的"温度"

通过剖析新冠疫情危机防控中,党和政府始终把人民的利益置于首位,一方有难八方支援,展现了基于大数据分析的卓越危机领导力,引导大学生形成爱国、爱党的价值倾向。

"企业国际化发展与管理"课程思政微课设计

胡玮玮①

一、基本信息

表1展示了"企业国际化发展与管理"课程的基本信息。

表1 "企业国际化发展与管理"课程基本信息

课程名称	企业国际化发展与管理		
课程性质	专业课程	授课对象	大三学生
微课章节名称（3个）	（1）"以内促外，内外互动"——从企业国际化发展动因看双循环发展格局	（2）企业国际化发展战略——字节跳动公司国际化战略中的合作与共赢	（3）品牌国际化中的中华文化策略

二、教学设计

（一）切入课程思政的课程知识点

2016年11月30日，习近平总书记在中国文联十大、中国作协九大开幕式上的讲话指出："文化自信，是更基础、更广泛、更深厚的自信，是更基本、更深沉、更持久的力量。坚定文化自信，是事关国运兴衰、事关文化安全、事关民族精神独立性的大问题。"本课程深入贯彻习近平总书记于2016年12月7—8日在全国高校思想政治工作会议上的重要讲话精神，牢牢把握社会主义办学方向，高度重视以马克思主义为指导的学科基础理论建设，重视发挥文化的作用，沿着"文化起源—文化发展—文化传播"的脉络，聚焦于思想政治工作的时代感和实效性，用创新融合的方式将思政教育融入课程教学内容，在掌握理论知识的同时，实现培养"肩负中华文化传播使命的跨国商务精英"的思政教育课程目标。

---

① 胡玮玮，浙江工商大学工商管理学院教授。

第一部分　文化起源

第2章　文化与跨国公司管理。思政点:文化自豪感。探讨霍夫斯泰德国家文化维度,其中长期/短期源于中国,说明中国文化影响已超越国界,具有国际性的研究意义,有助于建立文化自豪感。

第二部分　文化发展

第3章　跨国公司管理的制度环境。思政点:①中国在国际化市场中的角色和地位,学生课前查找国际贸易和对内对外FDI数据,课中比较分析,阐明中国在国际市场中的大国地位;②建立制度自信和文化自信,进行关于"一带一路"倡议案例、突发疫情防控的讨论,说明中国政治制度的优越性。

第4章　跨国公司伦理和社会责任的管理及挑战。思政点:正确理解跨文化伦理冲突,以包容合作的态度化解困境。讲解伦理、商业伦理内涵,以及跨文化情境下的伦理冲突,引入案例让学生直面伦理冲突,讨论并提出解决伦理冲突的融合性方案,说明包容、合作对伦理发展和化解伦理困境的重要作用。

第9章　跨国公司的组织设计。思政点:组织设计中的跨文化融合与创新。讲授企业组织结构设计原理,以及组织结构对跨国企业经营的推动作用。对于跨国公司而言,它需要一种新的组织结构形态,能够同时适应多元文化,并支持战略。通过理论讲授和案例分析,强调跨文化融合、发展与创新。

第三部分　文化传播

第5章　跨国公司战略管理:内容与范式。思政点:企业国际化动因与双循环新发展格局。通过企业国际化动因的理论与实践分析、案例解析,阐明党中央提出的双循环发展格局的前瞻性与合理性。

第6章　跨国公司市场进入模式战略。思政点:跨文化战略及模式中的发展、合作与共赢。结合案例讲解与讨论,分析跨国公司市场战略与进入模式,根据成功的国际化发展案例,提出党的十九届六中全会所倡导的:在国际化过程中,致力于"发展、合作、共赢",最终实现共同发展、持续繁荣的目标。

第7章　小企业与国际企业家精神。思政点:中华文化下开拓创新的国际企业家。通过中国跨国企业案例讨论,分析开拓国际市场的战略和遇到的障碍,挖掘中华文化下的中国企业在国际化发展中表现出的开拓创新、责任担当的企业家精神。

第8章　跨文化营销管理。思政点:跨文化品牌营销中的文化传播。通过出海品牌案例分析和模拟营销策划,讲解跨文化消费者分析的方法、基于中外文化元素融合的品牌形象设计,以及因地制宜的营销方案策划。培养学生对消费者市场的文化敏感度,提升文化包容意识,加深对中华文化元素的理解,提升文化自信心和自豪感,增强通过品牌国际化传播中华文化的意识。

第10章　国际人力资源管理。思政点:跨文化下的责任担当与实干精神。通过专家讲座、实地调研,充分理解跨国公司管理者的个体、岗位、事业及社会责任,促进中华文化传播,增强企业责任担当意识,展现大国担当。

第11章　跨文化冲突和管理。思政点:文化融合与包容精神。通过案例分析,说明在企业国际化发展过程中的跨文化冲突,提出解决跨文化冲突的模式和策略,强调文化融合的优势,弘扬文化融合和包容精神。

第12章　国际沟通与跨文化谈判。思政点:合作、融合与共赢。通过情景模拟和案例分析,说明影响跨文化谈判的基本因素、国际谈判的基本过程及技巧、不同文化对谈判过程的影响、国际谈判者的特征等;通过对谈判中处理技巧的讲授,强调合作、融合与共赢的策略,展现文化包容。

贯穿以上各章的综合案例讨论,观看 American Factory,分析福耀玻璃国际化进程中出现的问题,展开讨论,探讨解决方案,充分认识中国企业"走出去"所承担的全球责任,增强文化自豪感、使命感,培养开拓创新、担当实干精神。

(二)思政教育的课程目标

基于我校"立足浙江、服务全国、放眼世界"的商科办学传统,培养具有"国际视野、创新思维和创业实践能力"的复合型人才的目标,成为"贡献人类的卓越大学"的办学定位,结合国家与地方发展需求,依托工商管理等3个国家一流专业,秉持"扎实基础、丰富实践、注重创新"的理念,本课程以"拓宽学习路径、提升职业素养、注重商务时效"为原则,以多平台资源为支撑,持续完善特色资源库,实施全方位"沉浸式"教学,通过知识、能力、思政目标的有机融合,实现递进式价值嵌入,将学生培养成为肩负中华文化传播使命的跨国商务精英。如图1所示,将思政教育课程目标具体分解为知识目标、能力目标和价值观目标,即:①掌握三大知识体系:企业国际化发展基础理论、跨国进入与战略制定理论、跨国公司内部组织管理理论。②培养3种胜任能力:跨文化沟通能力、全球战略规划能力、国际企业管理能力。③塑造4项价值观念:文化自信、包容合作、开拓创新、实干担当。

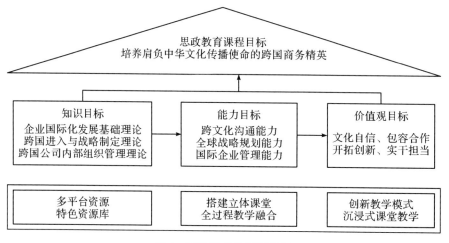

图1　思政教育的课程目标

三、特色及创新

（一）思政教学内容与课程建设突出目标的"三融合"，体现了课程的高阶性与挑战度

紧扣学校人才培养目标和办学定位，结合本课程特点，基于多平台资源，围绕培养"肩负中华文化传播使命的跨国商务精英"的思政教育课程目标，突出三大知识体系，形成3种胜任能力，培养4项价值理念。实现思政、知识、能力、价值目标的有机融合，塑造学生解决复杂问题的正确视角、综合能力和高级思维。

（二）以文化起源、发展和传播为框架，实施有组织的沉浸式教学

以教学体系为基础，结合思政目标和课程特色，沿着文化起源、发展和传播的脉络，切入思政教育，通过"背景引导—案例分析—理论跃升—实践模拟"的沉浸式教学模式，配合"启发—促进—反馈"式教学方法，逐步培育学生的文化自信与信仰、多文化情境中的包容合作精神，以及新环境下的开拓创新精神、注重实效的实干担当意识，这样学生在面临多元文化环境时能够进行有效的跨文化管理，传播中华文化，展现国家形象。

（三）基于特色资源库的全过程融合立体课堂，促进知识内化，培养胜任能力，塑造价值观念

本课程基于特色资源库，搭建"课前、课中、课后""线上与线下、理论学习和场景实践"相结合的全过程融合立体课堂。以多平台资源为基础，建立具有中国国际化特色的案例、论文、专家库，提供学习清单；课中实施沉浸式互动教学，加入情境模拟，训练学生实践技能；课后完成中国企业国际化主题调研任务并撰写报告。实现从"观光式"单维课堂到"沉浸式"立体课堂的转变，进行知识传授、能力培养及价值观塑造，实现思政教育课程目标。

四、具体教学设计1　"'以内促外，内外互动'——从企业国际化发展动因看双循环发展格局"课程

（一）知识点与思政点的切入与衔接

（1）本模块知识点：国际生产折中理论，企业国际化发展的4种动因分析，理论解析跨国企业"走出去"的战略意图，了解我国企业国际化发展现状与未来格局。

（2）知识点与思政点融合：通过多个成功案例分析企业国际化动因及其成功要素，结合中国企业国际化动因——获取国外技术和品牌，说明我国企业的核心竞争力比较薄弱，尤其在技术和管理上的核心竞争力明显不足。党中央提出的以内循环为主体、国内国际双循环相互促进的新发展格局，其主要目的在于以科技创新催生新发展动能，以深化改革激发企业创新活力，提升企业在国际化合作中的竞争力，走创新驱动发展之路。以国内循环赋能国外循环，国内国际双循环相互促进的新发展格局，带动全球经济发展。通过高水平开放型经济，促进内外市场和规则对接，创造"你中有我、我中有你"供应链生态，形成相互赋能的双循环新发展格局，深化我国的经济、制度及文化在世界范围内的影响力。

(二)教学方法

(1)课前引导案例:启发、引导学生思考与讨论企业国际化动因。

(2)教师课堂讲授:辅以多个案例讲授企业国际化4种动机,夯实理论基础。

(3)提出问题与组织讨论:深入思考案例企业国际化取得成功的要素是什么。

(4)案例分析总结:结合案例分析企业国际化发展成功的要素,阐释党中央提出的双循环新发展格局的战略意图,以及对其他企业国际化发展的启示。

(5)课后调研与小组汇报:选取正在实施国际化战略的企业,分析其国际化发展动因、路径及现状,结合双循环新发展格局的战略意图,分析其国际化发展中存在的问题,为该企业国际化发展提出策略建议。

五、具体教学设计2 "企业国际化发展战略——字节跳动公司国际化战略中的合作与共赢"课程

(一)知识点与思政点的切入与衔接

(1)本模块知识点:企业跨国进入困境、企业面临的跨国压力、战略内涵与选择、跨国公司的全球化与本土化双重属性。

(2)知识点与思政点融合:以字节跳动公司国际化为例,回顾其全球化进程,分析其跨国公司战略及产品底层逻辑的全球一体化战略,如技术出海、把握普世需求、精细化运营等策略;分析内容层面的本土化战略,如为获取当地用户和把握当地需求,并购当地企业展开合作共赢等策略。这些战略模式中的具体策略体现了党的十九届六中全会所倡导的"国际化发展过程中,致力于'发展、合作、共赢','建立平等相待、互商互谅的伙伴关系','谋求开放创新、包容互惠的发展前景,促进和而不同、兼收并蓄的文明交流',最终'共同发展、持续繁荣'"。培养学生合作共赢的包容心态,促进多元文化交流,增强中华文化"走出去"的信心。

(二)教学方法

(1)文本与视频案例展示:了解字节跳动公司国际化发展的目标与现状。

(2)课堂讲授:跨国公司战略理论,成本与满足消费者需求压力框架下的4种基本国际化战略,企业战略选择的依据。

(3)小组讨论与展示:结合理论,分析案例企业的国际化进程、战略模式与实施策略。

(4)案例分析总结:通过案例企业成功出海的国际化战略实践分析,阐释党的十九届六中全会提出的"发展、合作、共赢""文化交流与共融"在国际化中的重要意义。

(5)课后调研与小组汇报:调研企业并为其策划国际化发展战略及具体策略,将发展、合作、共赢、文化交流与共融等理念融入策划方案。

六、具体教学设计3 "品牌国际化中的中华文化策略"课程

(一)知识点与思政点的切入与衔接

(1)本模块知识点:品牌外国文化象征性,文化启动效应,海外消费者文化的分析方法,即能够运用前期学习的文化维度、价值观和社会规范等概念,来分析各国消费者的文化偏好,在跨国品牌形象设计中融入中华文化精髓,设计跨文化营销策略。

(2)知识点与思政点融合:通过考察成功出海品牌经验,分析外国文化象征的文化启动效应;说明在品牌形象设计中融入中华文化元素,并因地制宜地设计营销组合,有助于化解中国品牌国际化中的文化冲突,对品牌国际化具有重要的助推作用;使学生意识到中华文化精髓是中国品牌国际化的宝贵资产,建立文化自信,同时培养学生的跨文化敏感性和包容心态,激励他们参与中国品牌国际化,传播博大精深的中华文化。

(二)教学方法

本节主要采用案例教学法。以阿者科村旅游发展和社区参与为例,对单案例进行深度解剖,让学生掌握"旅游目的地管理"课程中的以下内容。

(1)文字和视频案例:了解全球消费者文化,讨论中华文化元素及其精髓。

(2)提出问题与讨论:对比中外差异,思考文化融合的可能性,各国消费者对中华文化的接受度。

(3)课堂讲授:品牌外国文化象征性,文化启动效应,海外消费者文化分析方法,跨文化营销策略。

(4)案例分析与总结:分析案例企业将中华文化元素融入品牌的成功经验,深入了解案例企业如何将中国文化元素融入品牌和产品设计,又如何针对当地文化因地制宜地设计品牌策略和营销方法,从而获得海外消费者的青睐,树立文化自信,促进文化融合。

(5)课后调研与小组汇报:为中国企业策划品牌跨文化建设策略,培养跨文化营销实践能力和中华文化传播能力。

知识点与思政教育结合设计的具体情况如表2所示。

表2　知识点与思政教育结合设计

章节/知识点/ 思政教学设计	思政 元素	知识点与思政教育结合	课程思政的教学步骤与方法
第5章 跨国公司战略管理 知识点:企业国际化动因 思政教学设计之一:从企业国际化发展动因看双循环发展格局	双循环新发展格局融合发展	(1)从企业国际化动因出发,分析中国企业国际化动因——获取国外技术和品牌,自身技术和管理上的核心竞争力有所欠缺。 (2)党中央提出的双循环新发展格局,首先在于内循环中企业"练好内功",积累高端技术和管理能力,构建核心竞争力。 (3)通过高水平开放型经济,融合发展,形成相互赋能的双循环新发展格局	(1)课前引导案例:思考与讨论国际化动因。 (2)教师课堂讲授:多案例讲授企业国际化4类动因,夯实理论基础。 (3)提出问题与讨论:思考案例企业国际化成功的关键要素。 (4)案例分析总结:结合案例企业国际化发展成功的要素,阐释双循环新发展格局的战略意图。 (5)课后调研与小组汇报:考察某企业国际化发展动因、路径及现状,结合双循环提出其问题及对策
第6章 跨国战略与进入模式 知识点:跨国企业进入战略模式 思政教学设计之二:字节跳动公司国际化战略中的合作与共赢	合作共赢文明交流	(1)企业跨国进入困境、战略内涵及选择框架理论讲解。 (2)字节跳动公司全球化进程中的跨国进入战略模式、策略,体现党的十九届六中全会倡导的国际化发展过程中,致力于"发展、合作、共赢","谋求开放创新、包容互惠的发展前景,促进和而不同、兼收并蓄的文明交流",实现"共同发展、持续繁荣"。 (3)培养学生合作共赢的包容心态,增强中华文化"走出去"的信心,推动多元文化交流、融合	(1)案例展示:字节跳动公司国际化发展的目标与现状展示。 (2)课堂讲授:企业国际化战略内涵及企业战略选择依据。 (3)小组讨论与展示:结合理论,分析案例企业的国际化进程、战略与实施策略。 (4)案例分析总结:通过案例企业成功出海的国际化战略分析,阐释党的十九届六中全会提出的"发展、合作、共赢""文化交流与共融"在企业国际化发展中的重要意义。 (5)课后调研与小组汇报:调研企业并策划国际化发展战略及实施策略,将合作、共赢、文化交流与共融等理念融入策划方案
第7章 跨文化营销管理 知识点:品牌外国文化象征性、文化启动与相关营销策略 思政教学设计之三:品牌国际化中的中华文化策略	传播中华文化,增强文化自信,培养文化融合的包容心态	(1)考察成功出海品牌的经验,分析外国文化象征的文化启动效应。 (2)说明在品牌形象设计中融入中华文化元素,并因地制宜地设计营销组合,对品牌国际化具有重要的助推作用。 (3)使学生意识到中华文化精髓是中国品牌国际化的宝贵资产,建立文化自信,同时培养学生的跨文化敏感性和包容心态,激励他们参与中国品牌国际化,传播博大精深的中华文化	(1)文字和视频案例:了解全球消费者文化和案例品牌蕴含的中华文化元素及精粹。 (2)提出问题与讨论:对比中外差异,思考文化融合的可能性,以及各国消费者对中华文化的接受度。 (3)课堂讲授:品牌外国文化象征性、文化启动与海外消费者文化分析。 (4)案例分析与总结:分析案例企业中华文化元素融入品牌成功经验,总结跨品牌设计及营销策略,树立文化自信,促进文化融合。 (5)课后调研与小组汇报:为中国企业策划品牌跨文化建设策略,培养跨文化营销能力和文化传播能力

七、思政教学设计中的重难点

(一)实现思政、知识、能力培养的有机融合,实现课程的高阶性

本课程思政的难点在于如何将专业知识和思政教育相融合。专业知识教学侧重于"求真",思政教育则要求"真善美"统一。因此,知识领域的"真"如何融入"善与美",是课程思政所面临的关键问题。专业课的教学侧重专业理论讲授,有时会忽略知识所蕴含的价值追求,以及学习知识的初衷、价值和意义。让社会主义核心价值观等思政元素贯穿于专业课"求真"的全过程,是课程思政解决的首要问题。本课程通过深入挖掘专业课中所蕴含的价值追求,回溯知识体系构建的初心,做到从人文主义关怀的角度看待理论知识,实现寓德于课,将能力培养和价值观塑造进行有机融合。

(二)创新教学模式,统一隐性教育与显性教育,营造沉浸式课堂,提高课程思政有效性

课程思政需挖掘课程和教学方式中蕴含的思想政治教育资源,发挥隐性教育的育人功能,实现显性教育和隐性教育相统一。传统的讲授式课堂、问答式考核,使得学生难以融入课堂,也难以实现知识掌握、应用和价值重塑的教学目标。鉴于此,本课程拟基于"多元教学主体、特色教学平台"的良好课堂生态环境,构建"背景引导—案例分析—理论跃升—实践模拟"的沉浸式翻转课堂教学模式,配合"启发—促进—反馈"式教学方法,让学生沉浸其中,实现"递进式"价值嵌入。

(三)搭建立体课堂,实现教与学的全过程融合,促进递进式知识和价值嵌入

实现教学过程的知识与思政点的统一和融合,需打破原有课堂教学模式,以学生为主体合理设计教学过程。本课程拟重新设计各章节任务(包含知识点与思政元素),列出任务清单,由学生自主选择任务,进行课前学习和任务准备,实现教学的课前融合;课中实施嵌入式讲授,设计丰富的教学方法如分享式教学、改进案例式教学、参与式教学等,激发学生的学习兴趣,实现知识传授和价值观塑造的统一;课外实训中完成调研报告,实现教学的课后融合,完成能力提升与价值塑造的目标。设计课前、课中和课后包含思政元素的形成性评价体系,发挥评价结果对课程思政目标的支撑作用。

为解决难点,实现思政教育课程目标,本课程采取的教育方法和教学策略如表3、表4所示。

表3　全过程教学融合

阶段	教师任务	学生任务
课前	结合思政点,列任务清单: (1)知识点预习。 (2)结合思政元素进行案例阅读。 (3)自主查找包含思政元素的案例	按照任务清单,选择任务("1+2"或"1+3"),完成课前学习任务
课中	(1)根据教学内容采用恰当的教学方法。 (2)针对当期问题展开理论讲授,凝练思政元素,将思政元素融入理论知识。 (3)及时反馈学生的学习效果,及时进行价值观塑造	(1)根据课前预习,结合当期学习任务和课堂教学方法,提出问题、分析问题、解决问题,重点在于结合资料阐述观点。 (2)经教师讲授后,结合思政元素总结和澄清观点
课后	(1)为学生提供实践学习机会。 (2)反馈作业和调研实践报告,进一步讲授特定价值观下知识应用结果	完成作业和实习实践报告,重点阐释调研中发现的问题,以及如何结合思政元素和理论知识解决实践问题

表4　教学策略

课堂教学方法	(1)分享式教学:鼓励学生搜集与课程有关的案例,拓展学生的知识面,有利于教学相长。 (2)改进案例式教学:鼓励学生提出问题、阐述观点,针对理论教学内容,拓展案例的跟踪研究,包括成功案例和失败案例。 (3)参与式教学:采用角色扮演与管理游戏等方式,将学生置于教育教学活动的主体地位,使其自主决策、沉浸课堂,培养自身创新思维和创新能力
实践教学方法	(1)企业教学:将课堂搬进企业,搭建立体式教学环境。 (2)实习实践:到企业调研实习,将理论运用到实践中。 (3)专题讲座:邀请专家开展专题讲座,使学生了解、掌握该领域的最新理论和实践动态,激发学生的好奇心和求知欲

"景观设计学"课程思政微课设计

徐　清①

一、基本信息

表1展示了"景观设计学"课程的基本信息。

表1　"景观设计学"课程基本信息

课程名称	景观设计学		
课程性质	专业课	授课对象	城乡规划专业学生
微课章节名称（3个）	(1)中国园林对世界园林的贡献	(2)景观设计中的社区环境治理	(3)低碳景观营造

二、教学设计

（一）切入课程思政的课程知识点

微课1：导入世界文化景观遗产——杭州西湖景观的六大要素组成和遗产价值这一案例，解读中国园林是中华传统文化重要载体之一，以及其对世界园林的重要贡献。

微课2：景观社会学的背景、内涵、功能等理论；景观设计中社区环境治理的"以人为本"社会学核心价值观、焦点问题、现实需求；社区花园环境治理中共建、共治、共享的景观社会学路径；探讨疫情常态化的健康社区环境治理问题。

微课3：基于"绿水青山就是金山银山"理念、"美丽中国"、乡村振兴建设的背景，提出我国社会、经济与环境协调发展的话题。结合低碳景观的发展、内涵、类型及景观营造路径，诠释低碳景观营造对我国生态文明建设的重要意义。

（二）思政教育的课程目标

微课1：通过讲解西湖世界文化景观遗产和中国园林造园史及其对世界的贡献，传播

---

① 徐清，浙江工商大学旅游与城乡规划学院副教授。

中华优秀传统文化,引导学生自觉弘扬中华美育精神,提高学生的审美和人文素养,增强学生的文化认同感和文化自信心。

微课2:通过对社区环境治理中"以人为本"社会学价值的理论和社区花园实践的解析,引导学生树立"眼中有人、心中有社会、脚下有土地"的正确职业观,传达"家是最小国,国是千万家"、共创"幸福美好生活"的社会主义核心价值观。

微课3:通过探讨我国社会、经济与环境协调发展的话题,并诠释低碳景观营造的内涵、路径等,传播"绿水青山就是金山银山"理念、"美丽中国"建设、乡村振兴战略的发展,加强生态文明教育,增强学生"人类命运共同体"的可持续发展意识和生态责任感。

三、特色及创新

(1)因"知"施教的三大教学模式创新实践:本课程作为城乡规划专业综合性入门与核心专业课,结合不同的教学主题和知识点,以及学生的培养目标,因"知"施教,精心设计问题探究型、案例启发型、认知激活型三大教学模式,构建以学生为中心、以教师为灯塔的创新教学实践,提升学生自我发现问题、分析问题、解决问题的能力。

(2)教学过程融合真实案例的思政课程:结合当前社会热点、公共危机和乡村振兴等国家战略,开展真实教学案例的植入和辨析,如西湖世界文化景观遗产案例、疫情常态化的健康社区景观治理、乡村酒店的低碳景观营造路径等等。通过真实案例创造情境和拓展教学素材,将正能量的育人元素自然地融入教学过程中,有利于开拓学生的视野,达到教学和思政培养的目标。

四、具体教学设计1 "中国园林对世界园林的贡献"课程

(一)教学内容

导入世界文化景观遗产——杭州西湖景观的六大要素组成和遗产价值这一案例,解读中国园林是中华传统文化重要载体之一,及其对世界园林的重要贡献。

(二)教学目标

知识目标:掌握景观设计学课程的重要内容——中国园林景观的相关理论知识,并以杭州西湖为例,解读世界文化景观遗产的六大要素、特点和价值等,加深中国园林对世界园林贡献的认知。

能力目标:培养学生案例分析、景观审美能力,强化园林景观设计的综合表达能力。

思政目标:通过讲解西湖世界文化景观遗产和中国园林造园史及其对世界的贡献,传播中华优秀传统文化,引导学生自觉弘扬中华美育精神,提高学生的审美和人文素养,增强学生的文化认同感和文化自豪感。

（三）思政与教学切入

图1展示了"中国园林对世界园林的贡献"课程思政与教学切入。

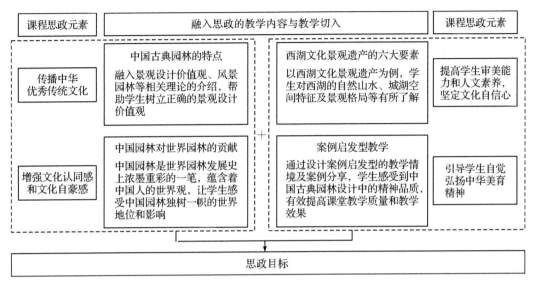

图1 "中国园林对世界园林的贡献"课程思政与教学切入

（四）教学模式与组织

1.教学模式——案例启发型

通过杭州西湖世界文化景观遗产这一案例导入，精心设计案例启发型的教学情境，不仅可以挖掘学生自主学习的潜力，使学生更容易接受课堂教学知识，还可以利用学生的无意记忆，提升有意记忆能力，活跃学生的思维，激发学生的学习兴趣。杭州西湖世界文化景观遗产这个成功的案例解析分享是课堂教学中至关重要的环节，可以有效地传播中华优秀传统文化核心思想和价值观，有助于思政文化和教学内容的衔接，并有效地提高课堂教学质量和教学效果。

2.教学组织

表2展示了"中国园林对世界园林的贡献"课程思政教学设计思路。

表2 "中国园林对世界园林的贡献"课程思政教学设计思路

教学模式	教学阶段	教学设计思路
案例启发型	抛砖引玉	引入中国园林精髓 "虽由人作，宛自天开"　　文化自信——源自中华民族的悠久历史
	案例导入	导入杭州西湖文化景观遗产 自然山水 城湖空间特征 景观格局 题名景观 文化史迹 特色植物　　杭州西湖景观 中国传统文化的经典之作 普遍价值
	知识提炼	介绍中国古典园林 中国园林体系 四大名园历史价值 中国古典园林特点　　了解历史 加深记忆 激发兴趣
	内容升华	中国园林对世界园林的贡献 中国园林——世界"园林之母"，中国园林对世界的贡献　　体会责任担当 历史赋予的使命
	总结评价	总结评价 继承创新 文化引领 遗产责任

五、具体教学设计2 "景观设计中的社区环境治理"课程

（一）教学内容

本课程教学内容包括景观社会学的背景、内涵、功能等理论，景观设计中社区环境治理的"以人为本"社会学核心价值观、焦点问题、现实需求，社区花园环境治理中共建、共治、共享的景观社会学路径，以及疫情常态化的健康社区环境治理问题探讨。

（二）教学目标

知识目标：熟悉景观社会学起源、内涵及主要功能，掌握居住区环境治理中存在的问题及景观社会学路径。通过分析社区花园的建设目的、社会功能、案例实践等，加深对景

观设计中社区环境治理的理解。

能力目标:灵活运用专业知识,具有对景观设计领域深度剖析和归纳问题的能力。

思政目标:通过对社区环境治理中"以人为本"社会学价值理论和社区花园实践的解析,引导学生树立"眼中有人、心中有社会、脚下有土地"的正确职业观,传达"家是最小国、国是千万家"、共创"幸福美好生活"的社会主义核心价值观。

(三)思政与教学切入

图2展示了"景观设计中的社区环境治理"课程思政与教学切入。

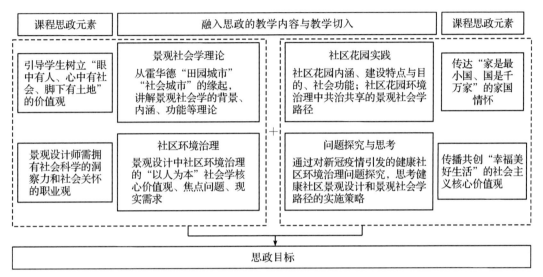

图2 "景观设计中的社区环境治理"课程思政与教学切入

(四)教学模式与组织

1.教学模式——问题探究型

探究式学习是一种积极的学习过程,主要指的是学生在学习中自主探索问题的学习方式。本课程结合学生切身的生活体验,基于景观设计中社区环境治理问题,进行问题探究与反思,采用一种建立在建构主义学习理论基础上的教学方法。在教学过程中,通过创设居住区环境景观存在的主要问题情境,引起必要的认知冲突,促使学生主动探索,引导学生洞察思考结果,让学生主动建构新的景观社会学认知结构,获得对知识的探索精神与创新能力,培养对社会"人"的需求关怀与情感态度,从而倡导社会主义核心价值观。

2.教学组织

表3展示了"景观设计中的社区环境治理"课程思政教学设计思路。

表3 "景观设计中的社区环境治理"课程思政教学设计思路

教学模式	教学阶段	教学设计思路
问题探究型	背景概念	导入田园社区与社区花园概念 景观与人紧密联系　　人是景观研究的主体
	问题导入	孕育景观社会学原理 基于当下,思考居住区景观环境存在的问题　　讨论经济发展下人、社会、城市之间的关系
	洞察思考	介绍景观社会学路径 社区花园概念建设特点、功能　　公众参与共建共享的社会学路径
	情境深化	疫情常态化情境 北京龙湖"健康U+计划"　　三大非常态与六大常态免疫景观体系
	结论探究	课后探究 疫情常态下社区环境治理路径

六、具体教学设计3 "低碳景观营造"课程

(一)教学内容

基于"绿水青山就是金山银山"理念、"美丽中国"、乡村振兴建设的背景,提出我国社会、经济与环境协调发展的共同话题。结合低碳景观的发展、内涵、类型及景观营造路径,诠释低碳景观营造对于我国生态文明建设的重要意义。

(二)教学目标

知识目标:了解新时代我国社会、经济与环境协调发展的背景,生态文明建设的共同话题。结合乡村酒店案例,掌握低碳景观设计的内涵、类型、营造路径等理论知识,理解低碳景观对于我国生态文明建设的重要意义。

能力目标:对接新时代国家战略,灵活运用专业知识,具备乡村振兴、美丽中国建设的景观设计综合创新能力。

思政目标:通过探讨我国社会、经济与环境协调发展的共同话题,以及诠释低碳景观营造的内涵、路径等,传播"绿水青山就是金山银山"理念、"美丽中国"建设、乡村振兴战略的发展,加强生态文明教育,增强学生"人类命运共同体"的可持续发展意识和生态责任感。

(三)思政与教学切入

图3展示了"低碳景观营造"课程思政与教学切入。

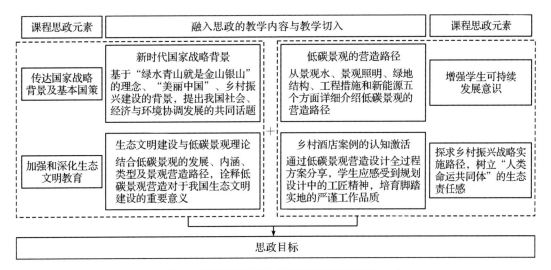

图3 "低碳景观营造"课程思政与教学切入

(四)教学模式与组织

1.教学模式——认知激活型

通过导入"绿水青山就是金山银山"理念、"美丽中国"建设、乡村振兴战略的发展背景,精心设计生态文明建设和教育的"认知激活型"的教学情境。采用低碳景观营造的理论知识和乡村酒店实践的认知,激发学生学习兴趣,提升无意记忆,激活学生自主学习的思维和潜力,使学生更容易接受课堂教学知识,最终达到加强生态文明教育,增强学生"人类命运共同体"的可持续发展意识和生态责任感的思政教学目标。

2.教学组织

表4展示了"低碳景观营造"课程思政教学设计思路。

表 4 "低碳景观营造"课程思政教学设计思路

教学模式	教学阶段	教学设计思路
认知激活型	时政认知	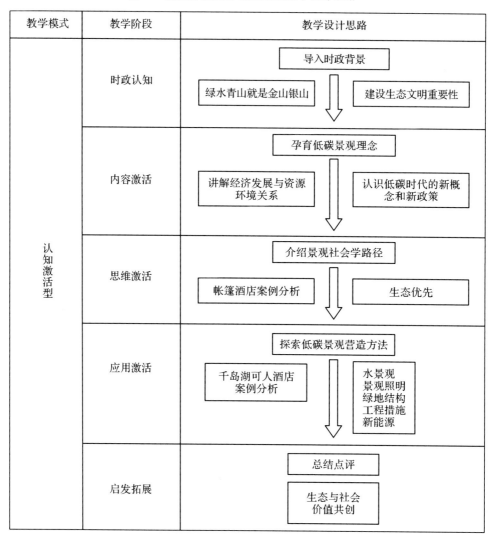
	内容激活	
	思维激活	
	应用激活	
	启发拓展	

"旅游目的地管理"课程思政微课设计

管婧婧[①]

一、基本信息

表1展示了"旅游目的地管理"课程的基本信息。

表1 "旅游目的地管理"课程基本信息

课程名称	旅游目的地管理		
课程性质	专业核心课程	授课对象	旅游管理专业本科生
微课章节名称（3个）	(1)村屋新颜——旅游资源的保护与管理	(2)乡村新貌——旅游目的地的形象设计	(3)乡村共富——旅游目的地的社区参与

二、教学设计

(一)切入课程思政的课程知识点

1.课程基本情况

"旅游目的地管理"（共48学时，其中理论39学时、实践9学时，3学分）是《普通高等学校本科专业类教学质量国家标准》中明确的旅游管理类专业核心课之一，主要围绕旅游目的地管理的理论与应用需要，基于旅游目的地的公共属性，立足管理视角，系统教学旅游目的地管理的基本概念、基本理论、市场分析、产品开发、品牌创建、形象推广、公共营销、公共服务、公共管理、社会效应及发展趋势等内容。在修读本课程前，学生先要完成"旅游学概论""旅游消费者行为""旅游市场营销""旅游接待业""旅游地理学"等课程的学习。

课程强调"立足实践，知行合一"，将"旅游目的地管理"课程的理论知识与管理实践相结合，通过把"六个浙江"、高质量发展、共同富裕、乡村振兴、"一带一路"等国家和地方战

---

① 管婧婧，浙江工商大学旅游与城乡规划学院教授。

略融入教学内容,不仅提升学生对专业知识的掌握,也增进学生对国情、地情、民情的了解,在宏大叙事中潜移默化地达到铸魂育人的效果。

　　课程至今已完成了校"课程思政"教改项目1项,形成了深度融合课程思政的教学大纲。

　　2.切入课程思政的知识点

　　以"知识点—融合点—共情点"三点贯通的方式构建课程思政融入"旅游目的地管理"课程专业教学的路径。基于对课程知识点的梳理,锚定适合叠加思政元素的知识点,形成二者相融的融合点,进而从学生能接受的角度将融合点转化为共情点,在知道的基础上唤起情感共鸣,从而达到内化于心、外化于行的效果。表2展示了"旅游目的地管理"课程"三点贯通"的思政内容解构。

表2　"旅游目的地管理"课程思政内容解构

知识单元	专业知识点	专业知识与思政内容的融合点	共情点
基本理论	基本概念、基本理论	浙江旅游目的地建设成就	展示旅游目的地在各构成要素上的建设成就,提升学生对国情、地情的了解,增进自豪感
市场分析	目的地选择、市场分析技术、市场预测	弱势群体市场特殊性分析	增进学生对弱势群体的人文关怀,促进精神层面共同富裕
产品开发	旅游产品创新	红色旅游产品开发	以浙西南革命根据地红色旅游产品开发为例,引入党史教育,提升学生的爱党之情
	旅游产品开发要点	中华文化传承与弘扬	以华强方特将中华文化作为旅游产品的内容要素为例,提升学生的文化自信
	旅游资源保护与管理	生态文明建设、可持续发展、绿水青山转化为金山银山	传输习近平生态文明思想,让学生树立旅游资源利用和保护相统一的意识和可持续发展观
形象与营销	旅游目的地形象设计、传播	国家形象与增强综合国力、国际竞争力	解读国家形象,激发学生自豪感和荣誉感,自觉维护国家形象
	品牌定位	我国各省丰富的旅游品牌定位	展示我国各省丰富的旅游品牌定位,增进学生对地情的了解,提升爱国情感
	公共营销	优秀的公共营销方法	展示国际上优秀的公共营销方法,提升学生的创新意识,培养创新能力
公共服务	公共属性、类型和供给模式	公共服务的建设成就	通过展示我国政府在公共服务方面的建设成就,提升学生政党认同感、爱国情怀

知识单元	专业知识点	专业知识与思政内容的融合点	共情点
公共管理	管理组织、公共管理工具、公共政策	中国特色经济学对旅游目的地产业发展的影响	传递以习近平新时代社会主义思想为指导的中国特色经济学在旅游目的地产业发展中所发挥的作用,增强学生的道路自信和制度自信
社会效益	旅游发展的社会影响	旅游扶贫、共同富裕	分享旅游扶贫的成功案例,让学生领略实干精神,提升学生的民生意识
发展理念	主客共享	主客互动、共建共享	以宜旅宜游的海南省为例,展示游客和居民的友好关系,传输我国开放、共享的新发展理念
发展方式	社区参与	社区参与旅游发展	讲述村民参与旅游业,实现共同富裕,提升学生对党和政府的热爱、社会责任感和为人民服务的意识
发展趋势	全域旅游、文旅融合,智慧旅游目的地	新型旅游目的地建设的成就	展示新时期新型旅游目的地建设的成就和具体举措,增进学生对国情、地情的了解

本次选取的3个德融知识点分别为旅游资源保护和管理、旅游目的地形象设计和社区参与旅游业发展,分属旅游目的地产品开发、营销推广和综合管理3个模块,其蕴含的内在逻辑是"在可持续发展的理念下不断解放和发展生产力,为共同富裕奠定坚实的物质基础,并坚持以人民为中心,共享发展成果"。其中,"旅游资源保护与管理"主要介绍旅游资源受损原因、保护手段及管理原则等内容,通过融入习近平生态文明思想,建立学生的可持续发展观;"旅游目的地形象设计"主要介绍形象设计的步骤和方法,通过与国家形象对比,提升学生维护和传播国家形象的意识,推动旅游业发展;"社区参与旅游发展"主要介绍社区参与的影响因素和增权路径,通过旅游参与乡村扶贫推动共同富裕案例,提升学生社会责任感和为人民服务的意识。

（二）思政教育的课程目标

"旅游目的地管理"是一门关注旅游目的地实践的课程,具有理论联系实际的特色。基于这一特点,本课程形成了"三点融合"的思政教育目标体系,即以国情教育为切入点、以乡村目的地为聚焦点、依据不同德融内容形成渗透点。

以国情教育为切入点,形成知国、爱国、报国的思政教育总目标。①引导学生知国,即关注旅游目的地发展的现实和热点,认清现阶段旅游目的地的发展对于国家宏观社会、经济、政治等方面的重要意义,深刻理解在"百年未有之大变局"下我国旅游目的地发展所面临的机遇与挑战。②引导学生爱国,发挥课程的启发价值和教育意义,对中国特色和国际进行比较,让学生切身感受到我国旅游目的地在发展和管理上取得的巨大成就,坚定"四个自信",激发深厚的爱国情怀。③引导学生报国,认识时代责任和历史使命,激励学生把个人专业理想融入国家和民族伟大事业,找到具有自身特色的报国之路。

围绕乡村振兴、共同富裕的国家战略,在理论讲解和实践操作过程中,以乡村旅游目的地为聚焦点,在产品开发、形象与营销、公共服务、公共管理和社会效益等不同章节贯穿乡村旅游目的地的实践和案例,并以乡村旅游目的地为基地开展课程实践活动。图1是往期实践活动的照片。

图1　往期实践活动照片

根据知识点和能力目标的特点寻找合适的融合点,深入挖掘,合理安排,进而形成不同融合点的分目标。分目标具有多点渗透、因点而动、具象表达的特点。围绕本次微课的3个内容,具象的思政教育目标分别为:

(1)旅游资源保护与管理:引导学生关注旅游目的地产品开发过程中的资源利用与保护问题,培养学生旅游资源利用和保护相统一的意识和可持续发展观;传输习近平生态文明思想;认识文化遗产保护的重要性及活化利用的意义。

(2)旅游目的地形象设计:培养旅游管理专业学生在跨文化交流中成为国家形象的传播者;树立正确的跨文化交流立场和态度;践行文化自觉和文化自信。

(3)社区参与旅游发展:展示中国减贫成效,增强学生的道路自信和制度自信,培养学生结合旅游专业知识解决实际民生问题的意识和能力,鼓励学生开拓进取为人民服务。

三、特色及创新

课程形成了"三点融合、三点贯通、六加叠用"的课程思政教学模式。①课程目标上形成"三点融合"体系,结合课程实践性强的特点,以国情教育为切入点,以乡村旅游目的地为聚焦点,通过各个渗透点上因点而动的具象表达,构建起总目标明确、分目标可操作的思政教学目标。②课程内容上形成"三点贯通"路径,即梳理知识点、找准融合点、激发共情点。③教学方法上形成"六加叠用"手段,通过"理论+实践"将思政元素贯穿于教学中。

理论教学采取"线上＋线下"方式,线上视频展现德融内容讲解;线下结合"搜＋辩",要求学生搜集国情资料并展开课堂讨论。实践教学强调"考察＋实践",组织学生实地考察乡村,完成关于乡村旅游发展的作业,在锻炼学生动手能力的同时也考核其德能掌握情况。通过作业到竞赛的转化,深化"干中学"。以"校内教师＋校外导师"的模式,邀请村支书、地方旅游主管部门干部共同引导学生完成课程学习(见图2)。

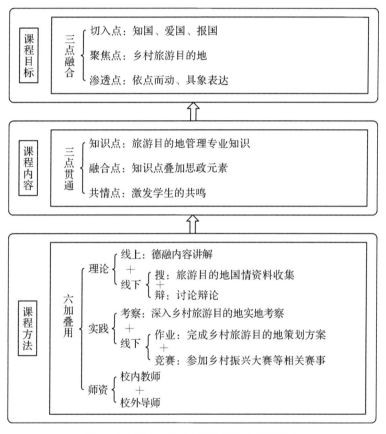

图2 "旅游目的地管理"课程思政教学模式

四、具体教学设计1 "村屋新颜——旅游资源的保护与管理"课程

(一)章节介绍

旅游资源保护和管理是第4章"旅游目的地产品开发"中第4节"旅游资源的保护与管理"的核心内容。从学情来看,学生已经知道旅游资源的永续利用是旅游目的地产品开发的前提和基础,资源保护具有重要性。通过本小节的教学,在知识接纳上,学生将掌握旅游资源被破坏的原因、旅游资源保护与管理的手段、旅游资源保护与管理的原则等内容;在能力培养上,将提升学生的问题分析和综合思维能力;在价值塑造上,传输习近平生态文明思想,帮助学生树立可持续发展观,以及认识文化遗产保护的重要性。

（二）教学设计的思路和理念

本节主要采用讨论式教学，辅以案例教学。以"松阳老屋"为案例，通过保护前后的对比，向学生展示旅游资源的脆弱性。通过组织研讨，引导学生关注和思考旅游资源中的保护和利用问题，帮助学生树立可持续发展意识。引入"松阳老屋拯救计划"这一正面案例，展现我国对旅游资源保护的优秀举措，体现我国对文保事业做出的积极努力，这有助于激发学生的国家认同和爱国情怀。

（三）教学过程与方法

表3展示了"村屋新颜——旅游资源的保护与管理"课程思政的教学过程与方法。

表3 "村屋新颜——旅游资源的保护与管理"课程思政教学过程与方法

教学环节	教学内容	教学目标	教学方法
教学引入	展示"松阳老屋拯救计划"实施之前的房屋照片和视频，介绍当时浙江松阳传统村落的情况	使学生意识到旅游资源是极易遭到破坏的，旅游资源的保护与管理工作不容忽视	案例教学
教学展开	介绍旅游资源遭受破坏的原因，组织学生讨论保护和管理旅游资源的手段，并加以总结	使学生掌握旅游资源的保护途径	讨论式教学
	组织学生讨论如何平衡旅游资源利用和保护之间的关系，总结旅游资源保护与管理的原则	使学生了解旅游资源利用和保护之间对立和统一的辩证关系	讨论式教学
	回顾松阳传统村落的资源保护案例，启发学生思考和讨论如何对松阳传统村落进行有效保护和利用	促使学生思考如何将绿水青山转化为金山银山，如何平衡文化遗产的保护和活化	案例教学
	结合影像资料介绍"松阳老屋拯救计划"	使学生了解国家对文化遗产的重视，以及旅游业对遗产活化的作用	案例教学
教学总结	布置课后思考题：对于京剧、皮影戏、珠算、剪纸等非物质文化遗产，又该如何进行保护、传承及利用呢？	提高学生的分析和综合思考能力	启发式教学

五、具体教学设计2 "乡村新貌——旅游目的地的形象设计"课程

（一）章节介绍

旅游目的地形象设计是第5章"旅游目的地形象和公共营销"中第2节"旅游目的地形象设计与传播"的核心内容。从学情来看，学生已经熟知旅游目的地形象在吸引旅游者方面的重要作用，并了解旅游目的地形象形成的基本过程。通过本小节的教学，在知识接纳上，学生将掌握建立旅游目的地形象的前期基础性工作内容、旅游目的地形象设计及旅游目的地形象和国家形象的异同等内容；在能力培养上，将提升学生的创新能力，发展学生的综合思维；在价值塑造上，将增强学生的国家认同，提升学生的爱国情感，培养学生的民族自豪感。

（二）教学设计的思路和理念

本节主要采用对比教学法和实践教学法。首先，以中国旅游的图形标志"马踏飞燕"为导引，解释旅游目的地形象的概念，指出旅游目的地形象的重要性；其次，结合浙江省杭州市、安徽省歙县旅游目的地形象塑造的优秀举措，讲解旅游目的地形象的前期基础性工作内容和形象设计等知识难点；最后，引入国家形象的概念，引导学生辨析旅游目的地形象和国家形象的异同，认识国家形象对发展入境旅游的重要作用。通过展示中国形象、呈现中国魅力，激发学生的爱国情怀和民族自豪感，增强学生的跨文化交流意识。课后布置实践任务，要求学生动手设计一个乡村旅游目的地的形象，达到知行合一的目的。

（三）教学过程与方法

表4展示了"乡村新貌旅游目的地的形象设计"课程思政的教学过程与方法。

表4　"乡村新貌旅游目的地的形象设计"课程思政教学过程与方法

教学环节	教学内容	教学目标	教学方法
教学引入	介绍中国旅游的图形标志"铜奔马"的设计理念，引出课程主题，解释旅游目的地形象的内涵	使学生正确掌握旅游目的地形象的概念	案例教学
教学展开	说明旅游目的地形象设计的程序，包括前期基础性工作和后期显性设计工作	使学生掌握旅游目的地形象设计的步骤	讲授式教学
	讲解前期基础性工作的具体内容，解释地方性分析、受众分析、形象替代分析	使学生掌握旅游目的地形象设计的前期分析要点	讲授式教学
	解释显性设计工作，解构旅游目的地形象中的理念形象、行为形象和视觉形象，详细讲解不同类型形象的设计要点。结合浙江省杭州市、安徽省歙县等案例加以说明	使学生掌握旅游目的地形象设计的具体内容	案例教学
	辨析旅游目的地形象和国家形象的异同，展示中国形象宣传片	让学生领略中国形象，感受中国魅力，激发爱国之情	对比式教学
教学总结	布置拓展学习任务：结合本学期的团队作业，为课程实践基地——杭州市临安区湍口镇三联村设计一个旅游形象	采用"干中学"的方法巩固学生的知识，提升其动手能力	实践式教学

六、具体教学设计3　"乡村共富——旅游目的地的社区参与"课程

（一）章节介绍

旅游目的地的社区参与是第8章"旅游目的地的社会效益"中第2节"旅游目的地的社区参与"的核心内容。从学情来看，学生已经知道旅游发展在经济、社会、环境等多个方面对社区居民有着深入影响。通过本小节的教学，在知识接纳上，学生将掌握社区参与旅游发展的概念、基础理论、影响因素及作用等；在能力培养上，学生将提升结合旅游专业知识解决实际民生问题的能力；在价值观塑造上，学生被传输为人民服务的信念和实现中华民

族伟大复兴的使命,从而提升的社会责任感,增强道路自信和制度自信。

（二）教学设计的思路和理念

本节主要采用案例教学法。以云南省阿者科村旅游发展和社区参与为案例,对单案例进行深度解析,让学生掌握旅游目的地管理中的社区参与理论。首先,把旅游收益日高而村民却无所获的矛盾作为引入点,提出社区参与旅游发展的概念;其次,结合阿者科村村民原先在旅游发展中参与程度不高的现实情况,引出社区参与旅游发展的影响因素;最后,在介绍社区参与相关理论的基础上,以"阿者科计划"中相关举措为例,讲解如何将理论用于解决实际问题,帮助村民共享旅游发展的红利。通过对"阿者科计划"案例的深入解读,培养学生利用专业知识和专业思维解决实际民生问题的意识和能力,向学生传输党为人民服务的决心,提升学生的社会责任感。

（三）教学过程与方法

表5展示"乡村共富旅游目的地的社区参与"课程思政的教学过程与方法。

表5 "乡村共富旅游目的地的社区参与"课程思政教学过程与方法

教学环节	教学内容	教学目标	教学方法
教学引入	结合图片和视频展示云南省阿者科村初始的旅游发展和村民收入情况,引导学生思考为何阿者科村旅游发展态势渐好而村民却仍未能脱贫,进而引出课程主题,即旅游目的地的社区参与	激发学生的学习兴趣,培养学生深入思考问题的能力	案例教学
教学展开	回答案例问题,引出社区参与旅游发展的概念	使学生了解社区参与旅游发展的内涵,理解社区参与的重要性	案例教学
	进一步解释为什么在阿者科村的旅游发展中村民的参与程度较低,介绍社区参与旅游发展的作用和影响因素	使学生掌握社区参与旅游发展的作用,熟悉影响社区参与的因素	讲授式教学
	讲解社区参与的基础理论,介绍保继刚团队为阿者科村设计的制度增权、发展赋能及文化营造等发展方案	启发学生思考如何打破旅游发展中的社区参与困境	启发式教学
	展示阿者科村改革成效,着重强调在社区参与的前提下,阿者科村实现了全面脱贫和乡村振兴,不仅经济发展、收入提高,而且人民幸福、主客关系更和谐	使学生了解党和政府对人民生活的关注和对乡村发展的重视,以及旅游业在乡村振兴共同富裕中的作用	案例教学
教学总结	布置课后扩展学习要求:自主学习《体验脱贫成就·助力乡村振兴 全国乡村旅游扶贫示范案例选编》中收录的100个乡村旅游扶贫典型案例,并撰写学习感想	增进学生对国情、民情的了解,提升学生的社会责任感	启发式教学

"战略商业报告(SBR)"课程思政微课设计

顾玲艳[①]

一、基本信息

表1展示了"战略商业报告(SBR)"课程的基本信息。

表1 "战略商业报告(SBR)"课程基本信息

课程名称	战略商业报告(SBR)		
课程性质	专业选修课	授课对象	国际会计专业本科生
微课章节名称（3个）	(1)*Professional and Ethical Issues*	(2)*Foreign Transactions*	(3)*Effects of a Natural Disaster*

二、教学设计

(一)切入课程思政的课程知识点

Professional and Ethical Issues 的教学主题是国际注册会计师(ACCA)专业和伦理问题,切入课程思政的课程知识点是会计伦理原则及其遭受的威胁分析、决策框架、案例分析。

Foreign Transactions 的教学主题是外币交易,切入课程思政的课程知识是外币交易和境外投资。

Effects of a Natural Disaster 的教学主题是自然灾害的影响,切入课程思政的课程知识是新冠疫情下企业租金减让会计。

(二)思政教育的课程目标

(1)通过课程的专业教育和伦理教育,引导学生塑造正确的世界观、价值观和人生观,

---

① 顾玲艳,浙江工商大学会计学院讲师。

提升学生的专业职业素养,让会计职业道德深入学生心灵,并成为其行为准则。

(2)通过"文化自信"和"一带一路"战略的实施成果及其对国际化会计人才的需求等思政内容,增强国际会计专业学生的家国情怀和责任意识,提升其对本课程知识学习的必要性和重要性的认识,树立"会计报国"的理想信念。

(3)以新冠疫情、地震、洪水、台风等自然灾害中中国人民所展现出来的"共克时艰"的人文精神,要求学生不仅要关心受灾群体,而且要能掌握从会计专业的视角去反映自然灾害带来的影响,提升其共情力和专业知识的应用能力。

三、特色及创新

(一)特色

本课程的课程思政以会计专业和职业道德教育为基础,在学生的价值观中深深刻上会计职业道德的烙印;在传授国际化会计知识的同时,让学生了解国家战略,提升专业自豪感,培养家国情怀,树立"专业报国"的理想信念;突出学科的人文精神,提升学生在专业知识应用中的人文关怀能力。通过课程思政教学,最终实现价值塑造、知识传授和能力培养三者融为一体,达到立德树人的目标。

(二)创新

(1)在课程的每个章节中都设置与会计职业道德相关的案例分析,充分体现会计职业道德教育在课程思政中的基础地位。

(2)紧密结合国际化专业的特色和学院人才培养目标,在课程思政中注重对学生家国情怀和责任担当的培养,让学生树立自己的职业理想。

(3)思政教育内容设计与专业知识无缝衔接,互相融合,真正做到课程思政如盐在水。

四、具体教学设计1

微课1——*Professional and Ethical Issues*的教学内容主要是专业和职业道德教育,因此教学知识点与思政教育内容是高度一致的。

微课1首先解释了伦理(Ethics)的基本含义,向学生强调"伦理是一种道德准则,人们遵循它来判断是非";接着提出《ACCA道德与行为准则》中所规定的5项基本伦理原则。在对正直诚实(Integrity)、客观性(Objectivity)、专业胜任能力和尽责(Professional Competence and Due Care)、保密(Confidentiality)、专业行为(Professional Behavior)等5个基本原则的进一步阐述过程中加入了职业场景下是非判断的思政内容,比如:不允许偏见、利益冲突或他人的不正当影响凌驾于专业或商业判断之上;不得在没有适当和具体授权的情况下向第三方披露任何商业信息,也不能将这些信息用于专业会计师或第三方的个人利益;遵守相关法律法规,避免任何有损专业声誉的行为;等等。

在学生理解了会计基本伦理原则之后,引导其思考坚持基本伦理原则会受到哪些威胁,并邀请学生进行回答。在总结学生答案的基础上,进一步明确道德威胁的来源,通过举例嵌入思政内容,比如会计人员的自利思想,在领导恐吓之下违反职业道德的行为等,让学生意识到坚守基本伦理原则并不只是一句口号,它其实是对职业信念的考验。

此时的学生普遍感受到了一丝职业焦虑,教师要及时为他们提供一个科学地处理道德困境的决策框架。解决学生职业焦虑的决策框架为本部分的思政教育内容,这个决策框架通过回答 5 个层层递进的问题来帮助处于道德困境中的会计人员做出决策。这 5 个问题分别是:你现在面临的相关事实是什么?你面临的事实涉及的基本伦理问题是什么?哪些基本伦理原则受到威胁?是否存在减轻威胁的内部程序?在做了决定并采取必要的保障措施之后,你能在镜子中直视你自己吗?相信通过对这 5 个问题的思考,学生基本上可以做出符合职业道德的行为决策。

当学生基本掌握处理道德困境的方式方法后,通过一个现实的案例分析对以上知识进行应用,强化思政内容。

在学习了 ACCA 的专业和伦理原则之后,要让学生对比了解中国的会计职业道德的原则。微课最后的思政教育内容为国务院总理朱镕基于 2001 年在上海国家会计学院和北京国家会计学院的 2 次题词。通过分享"诚信为本,操守为重,遵循准则,不做假账"16 字题词碑的照片,向学生阐述中国会计人员的职业道德底线"不做假账"的来历,学生感受到了中外会计职业道德的异同,及其背后的文化因素。微课 1 既是知识传授,也是思政教育,实现了课程与思政的完美统一。

五、具体教学设计 2

微课 2——*Foreign Transactions* 的教学内容是外币交易,教学前首先进行学情分析。由于选课学生在之前的专业课中从未接触过该章知识,因而教师在讲解过程中需要注重背景交代和对基础知识的解释。

微课一开始,教师先引导学生从章节标题联想本课所可能涉及的关键词,比如"外币""汇率""汇兑差异""境外投资"等,在对这些关键词进行解释之后,引出这些知识的应用场景:对外贸易和投资。在此基础上,微课首先结合的思政内容为中国根据古丝绸之路留下的宝贵启示而提出的"一带一路"战略,因为"一带一路"战略的显著特征就是中国企业"走出去",企业对外贸易和投资增加,而这些交易和投资的会计处理就与本微课的知识点直接相关。

课堂上,教师还播放了一段中国"一带一路"倡议实施 8 年来的成果短片,让学生对"一带一路"倡议有更直观的了解。在肯定"一带一路"倡议所取得成果的基础上,教师提出目前"一带一路"倡议实施过程中出现了国际化会计人才不足的问题,而在座的学生正是"一带一路"倡议所急需的人才。课程思政的教学,提升了学生的专业自豪感和使命感,激发了学生的家国情怀,并使其立志毕业后要为国家的"一带一路"倡议服务;同时,也让学生认识到学习本章知识的重要性,了解到自己的专业与"一带一路"倡议的密切相关性,激发了学生"会计报国"的责任和担当,也为后续的学习奠定了良好的思想基础。

此时,学生的学习积极性已经被激发,历史使命感油然而生。教师顺势转入外币交易的会计处理讲解,在理论讲解中结合一些恰当的思政内容。比如,在解释货币性资产期末重述的目的时,强调报告信息的公允性,并从利益相关者的视角说明这样处理提供的信息的决策相关性。又比如,对于外币交易的期末处理,希望学生在学习中能体会到概念框架与具体准则之间的联系,学会分析总体与一般的关系。微课最后通过一个案例分析来提升学生对外币交易会计处理的应用能力。

六、具体教学设计 3

微课 3——*Effects of a Natural Disaster* 的教学内容为自然灾害的影响。首先,从地震、洪水、台风、流行病等自然灾害入手,尤其指出作为自然灾害之一的新冠疫情至今仍未结束的现实,其对个人的工作、学习和生活的影响不言而喻,让学生产生共情。

其次,教师指出自然灾害给人民的生命财产带来威胁的同时,对会计工作也产生了深刻的影响。此时向学生提问:自然灾害的会计影响是什么? 这个问题目前在会计研究领域也是一个新的话题,因此一定会引起学生的兴趣和思考。在没有教师引导之前,学生能够想到的会计影响可能是非常有限的。

当教师无法从学生中获得满意的答案时,可通过举例的方式切入课程思政的内容。作为一名合格的会计师,要能感知企业外部环境变化对会计工作的直接影响和潜在影响,并将其反映和披露在公司报告中。比如,新冠疫情暴发期间企业停工停产,但是仍然需要按照租赁合同支付各种租金,这让企业的经济状况雪上加霜。国际会计准则委员会率先号召为企业实施租金减让,共克时艰,帮助企业渡过难关;中国财政部会计司也积极响应,很快出台了《新冠疫情期间租金减让的会计处理》等相关规定。教师在向学生展示这些规章条例的同时,还要告诉学生这些规定的推出,不仅让租金减让会计有章可依,更是减轻了企业的负担,为其持续经营提供了一线生机。新冠疫情暴发期间,租金减让背后体现出来的是浓浓的共克时艰的人文精神。

通过举例,学生认识到自然灾害对会计工作产生实质性影响之后,教师带领学生扩展思路,结合之前学过的具体会计准则,比如资产负债表日后事项、资产减值、政府补助等深入探讨自然灾害的会计影响。

本次微课的学习,将自然灾害与会计知识紧密结合,要求学生体会:灾害无情人有情,自然灾害之下会计人员既要关注资产减值、企业持续经营的问题,同时也要看到国家的灾害补贴、保险的理赔、纾困资金的扶助等的会计影响,以及这些业务背后体现出来的共克时艰的人文关怀。最后,推荐学生阅读由安永会计师事务所发布的 *Accounting for the Financial Impact of Nature Disasters*,以及普华永道会计师事务所发布的 *In Depth:*

Accounting Implications of the Effects of Coronavirus，帮助学生深入了解自然灾害的财务影响，尤其是新冠疫情所带来的会计启示，从而拓展学生的知识面。

"概率论"课程思政微课设计

陈宜治[①]

一、基本信息

表1展示了"概率论"课程的基本信息。

表1 "概率论"课程基本信息

课程名称	概率论		
课程性质	公共基础课程	授课对象	本科生二年级
微课章节名称 （3个）	(1)若言琴上有琴声，放在匣中何不鸣？——边缘分布函数	(2)问渠那得清如许？为有源头活水来——全概率公式和贝叶斯公式	(3)山重水复疑无路，柳暗花明又一村——一种古典概型的计算

二、教学设计

（一）"若言琴上有琴声，放在匣中何不鸣？——边缘分布函数"课程设计

1.切入课程思政的课程知识点

(1)复习二维随机变量联合分布函数的概念。

(2)指出二维随机变量是由2个随机变量组成的。

(3)给出由联合分布函数求出边缘分布函数的公式。

(4)给出联合分布函数求解边缘分布函数的实例。

2.思政教育的课程目标

培养学生的家国情怀、责任担当，凝聚一心为实现中华民族伟大复兴的中国梦努力奋斗，并巧妙地引用诗词，增强学生的文化素养，坚定学生的文化自信。

---

① 陈宜治，浙江工商大学统计与数学学院教授。

3.知识点与思政教育结合的教学设计

(1)教学设计框架图。

"若言琴上有琴声,放在匣中何不鸣? ——边缘分布函数"课程教学设计框架如图1所示。

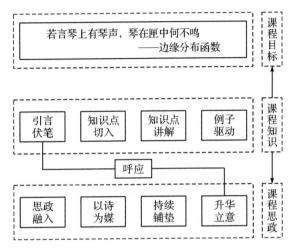

图1 "若言琴上有琴声,放在匣中何不鸣? ——边缘分布函数"课程教学设计框架

(2)教学设计的具体思路。

采用启发式教学,自然切入思政教育,具体设计如下。

第1步 (引言、伏笔)德鲁克说过:"个体无所不能,又百无一能。"如果个体不能放在组织系统之中,他很难发挥出巨大的作用。正如苏轼《琴诗》(若言琴上有琴声,放在匣中何不鸣? 若言声在指头上,何不于君指上听?)中所描述的,单独的琴、单独的手指都不能发出优美的乐章,只有将手指和琴结合起来,才能奏出动人的音乐。这就是本节概率论课程的知识点:"若言琴上有琴声,放在匣中何不鸣? ——边缘分布函数。"

第2步 通过分析联合分布函数求解边缘分布函数的实例发现,边缘分布函数中并没有出现联合分布函数中出现的未知参数λ。

第3步 上述结果说明,联合分布函数可以唯一求解出边缘分布函数,而边缘分布函数却无法包含联合分布函数中参数λ的信息。

第4步 (思政切入点)分析整体时不能仅仅考虑单独的个体,而应该将个体看成一个整体来分析,这就是联合分布函数中合作因子λ的价值。

第5步 (文学修养、文化自信)通过苏轼的《琴诗》更进一步说明凝聚一心、合作的重要性,并与开篇呼应:"若言琴上有琴声,放在匣中何不鸣? 若言声在指头上,何不于君指上听?"

第6步 引用电影《怦然心动》中的一句台词:一幅画是由众多简单的物件拼凑而成的。牛只是一头牛,草地也只有青草和鲜花,而穿过树枝的阳光也仅仅只是一束光,但如果将它们放到一起,就会产生魔幻一般的魅力。

第7步 (升华、拔高立意):每一个普通人,在平凡的岗位上做着平凡的工作,也许只是一头牛、一棵草、一朵花,或者仅仅是穿过树枝的那束光;可是只要我们紧紧团结在以习近平同志为核心的党中央周围,同心同德,努力奋斗,就能汇聚成磅礴的力量,就一定能产生惊人的魅力,创造出美好的明天,一定能实现中华民族伟大复兴的中国梦。

(二)"问渠那得清如许?为有源头活水来——全概率公式和贝叶斯公式"课程设计

1.切入课程思政的课程知识点

(1)复习全概率公式的概念。

(2)推导出贝叶斯公式。

(3)分析全概率公式和贝叶斯公式的内涵。

(4)给出使用全概率公式和贝叶斯公式求解问题的实例。

2.思政教育的课程目标

培养学生感恩的心,只有用感恩的心面对生活,才会感受到原来生活如此美好。"世上哪有什么岁月静好,只是有人替你负重前行。"

3.知识点与思政教育结合的教学设计

(1)教学设计框架图。

"问渠那得清如许?为有源头活水来——全概率公式和贝叶斯公式"课程教学设计框架如图2所示。

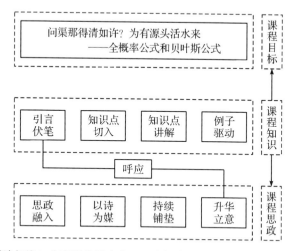

图2 "问渠那得清如许?为有源头活水来——全概率公式和贝叶斯公式"课程教学设计框架

(2)教学设计的具体思路。

采用启发式教学,自然切入思政教育,具体设计如下。

第1步 (引言、伏笔)世间万物是相互依存、相互联系的,凡事必有因,有因必有果,而对于因果的探究一定会带给我们更多对价值观的思考。这就是本节概率论课程的知识点:"问渠那得清如许? 为有源头活水来——全概率公式和贝叶斯公式。"

第2步 分析全概率公式和贝叶斯公式的内涵,指出全概率公式即是有因必有果,贝叶斯公式即是凡事必有因。巧妙引用诗句:"问渠那得清如许? 为有源头活水来。"

第3步 引入(原创生活化)例子。财主考察3个儿媳妇洗碗是否干净:大儿媳妇工作量最大,干净率最低;小儿媳妇工作量最小,干净率最高;二儿媳妇位于中间。

第4步 (云课堂问卷调查)让学生直观感觉,如果有个人要承担碗洗得不干净而不许吃饭的责任,谁应该最先受罚? 几乎所有学生都选择小儿媳妇。

第5步 (概率统计思维求解)求解结果:大儿媳要承担的责任最大! 做得最多的人不许吃饭!

第6步 (切入课程思政):公平何在? 与学生进行深度交流。

第7步 (继续铺垫):描述一个学生都很熟悉的小故事。一个女孩跟妈妈吵架后离家出走,身无分文,得到一个陌生婆婆一碗馄饨的帮助,感动得泪流满面。老婆婆借机告诉她:"我只不过煮了一碗馄饨给你吃,你就这么感激我,那你妈妈煮了10多年的饭给你吃,你怎么不感激她呢?"

第8步 (升华、拔高立意)我们常常容易忽略身边最亲的人的默默付出,最容易忘记他们为我们的真心付出。"世上哪有什么岁月静好,只是有人替你负重前行。"我们今天美好安静的生活正是无数革命先烈、无数保家卫国的战士、无数最美逆行者、无数舍小家为大家的英雄们默默付出的结果。PPT呈现:中印边境冲突中的中方军人,抗击新冠疫情时伟大的白衣天使。提议:课后给爸妈打个电话,告诉爸爸妈妈"我爱你们,你们辛苦了"。要求学生从今起有一颗感恩的心,感谢今天所有为自己、为国家默默付出的人!

(三)"山重水复疑无路,柳暗花明又一村——一种古典概型的计算"课程设计

1.切入课程思政的课程知识点

(1)复习古典概型的计算方法。

(2)举一个使用古典概型计算概率的例子。

(3)深度挖掘该例子,发现传统的计数方法无法解决。

(4)改变思维,寻求一种古典概型的计算方法。

2.思政教育的课程目标

培养学生对美的追求和对美好生活的向往。多次强调:永远不要停止思考,并拥有终身学习的习惯。养成做事情一丝不苟、精益求精、善于分析的科学精神。

3.知识点与思政教育结合的教学设计

(1)教学设计框架图。

"山重水复疑无路,柳暗花明又一村——一种古典概型计算"课程教学设计框架如图3所示。

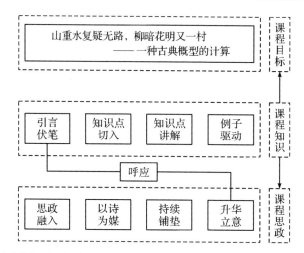

图3 "山重水复疑无路,柳暗花明又一村——一种古典概型的计算"课程教学设计框架

(2)教学设计的具体思路。

采用启发式教学,自然切入思政教育,具体设计如下。

第1步 (引言、伏笔)卢梭说,思考与实用的结合,就能产生明确的概念。原本杂乱无序的事情,因为思考会令人感到兴奋,很多难题也就会迎刃而解。人类在追求美好生活的道路上,因为思考而使生活变得更加美好。这就是本节概率论课程的知识点:"山重水复疑无路,柳暗花明又一村——一种古典概型的计算。"

第2步 分析古典概型计算的实质就是数数,要求计数过程中不重复、不遗漏,为后续例子做铺垫。

第3步 引入(原创生活、唯美例子):两人相约却忘记了约定的具体时间,只记得是在18:00——19:00之间碰面。通过该例子发现,上述计算古典概型的方法寸步难行,需要探究新的更合理的手段。

第4步 (概率思维求解)求解结果:见面的概率仅为0.3056!

第5步 (文化育人):用唯美的文字描述遇见的美好。古往今来,有太多太多的文字,在描写着各种各样的遇见。

蒹葭苍苍,白露为霜,所谓伊人,在水一方,这是撩动心弦的遇见;"这位妹妹,我曾经见过",这是贾宝玉和林黛玉之间的欢喜遇见;"幸会,今晚你好吗?"这是《罗马假日》里,安妮公主糊里糊涂的遇见;"遇到你之前,我没有想过结婚,遇到你之后,我结婚没有想过和别的人",这是钱锺书和杨绛之间决定一生的遇见。所以,遇见仿佛是一种神奇的安排,却是一切美好的开始。

第6步 (继续铺垫)遇见如此美好,我们岂能满足于0.3056的遇见机会? 能不能让他们来场100%的邂逅呢?

第7步 (升华、拔高立意)通过持续不断的思考、精益求精的设计和科学的思维方法,终于找到了只为100%遇见你的纳什均衡点！正应了那句:"山重水复疑无路,柳暗花明又一村。"鼓励学子,概率改变思维,学霸掌控幸福。让他们永远不要停止思考,永远不要停止追求美好生活和幸福明天的脚步,永远坚持一丝不苟、脚踏实地、精益求精的科学探索精神。

三、特色及创新

(一)"若言琴上有琴声,放在匣中何不鸣? ——边缘分布函数"课程设计特色与创新

(1)思政切入点与讲授知识点之间无缝对接、自然无痕,完全做到课程思政育人的润物细无声。

(2)苏轼的《琴诗》,不仅佐证了所切入的思政观点,而且提高了学生的文学修养,坚定了学生的文化自信。更重要的是,该诗通俗易懂接地气,娓娓道来暖人心。

(3)引入电影《怦然心动》的台词,瞬间拉近与学生的心理距离,让他们体会到这不是说教,而是美,是温暖,是真诚的心灵之间的对话。

(4)高度升华自然,将落脚点落到:团结在以习近平同志为核心的党中央周围,同心同德,努力奋斗,就能汇聚成磅礴的力量,就一定能产生惊人的魅力,创造出美好的明天,一定能实现中华民族伟大复兴的中国梦!

(二)"问渠那得清如许? 为有源头活水来——全概率公式和贝叶斯公式"课程设计特色与创新

(1)思政切入点与讲授知识点之间无缝对接、自然无痕,完全做到课程思政育人的润物细无声。

(2)朱熹《观书有感》中的一句诗,不仅佐证了所切入的思政观点,而且提高了学生的文学修养,坚定了学生的文化自信。更重要的是,其通俗易懂接地气,娓娓道来暖人心。

(3)通过耳熟能详的小故事,瞬间拉近与学生的心理距离,产生心灵的共鸣。

(4)高度升华自然,将落脚点落到:"世上哪有什么岁月静好,只是有人替你负重前行。"通过中印边境冲突中的中方军人、抗击新冠疫情伟大的白衣天使形象的呈现,瞬间使人斗志昂扬,心潮澎湃!

(三)"山重水复疑无路,柳暗花明又一村——一种古典概型的计算"课程设计特色与创新

(1)思政切入点与讲授知识点之间无缝对接、自然无痕,完全做到课程思政育人的润物细无声。

(2)陆游《游山西村》中的一句诗,不仅佐证了所切入的思政观点,而且提高了学生的文学修养,坚定了学生的文化自信。更重要的是,它通俗易懂接地气,娓娓道来暖人心。

(3)经典的美文,瞬间拉近了与学生的心理距离,与学生产生心灵的共鸣。

(4)高度升华自然,将落脚点落到:鼓励学子,概率改变思维,学霸掌控幸福。让他们永远不要停止思考,永远不要停止追求美好生活和幸福明天的脚步,永远坚持一丝不苟、脚踏实地、精益求精的科学探索精神。

"西方经济学"课程思政微课设计

刘　彤[①]

一、基本信息

表1展示了"西方经济学"课程的基本信息。

表1　"西方经济学"课程基本信息

课程名称	西方经济学		
课程性质	专业必修课	授课对象	全校财经类专业本科生
微课章节名称(3个)	(1)经济学导论——(经济观察与经济统计)中国为何被西方国家"讨厌"？	(2)微观经济学——(需求分析)中国游客"爆买"日本、扫货全球是中国制造业的悲哀吗？	(3)宏观经济学——(国民经济核算)供给侧结构性改革

二、教学设计

(一)切入课程思政的课程知识点

"西方经济学"课程为浙江工商大学财经类专业学生的基础课程和必修课程,授课面广,涉及经济学专业的初级宏观经济学、初级微观经济学,以及其他财经类非经济学专业的宏观经济学、微观经济学,共计4门课程,平均每学年都有超过6所学院、15个专业的1500多名学生参与课程学习,是思政课程建设的重点课程,不但在全校思政课程教学体系中发挥着作为核心的关键作用,而且对财经类专业甚至全校课程思政工作也起到了引领作用。

思政课程团队成员均为长期从事本科生一线教学的专任教师,教学经验丰富,教学成果卓著,师德、师风端正,政治思想觉悟高,深受学生喜爱,这为思政课程建设奠定了坚实

[①] 刘彤,浙江工商大学经济学院副教授。

的基础。课程分为"宏观经济学"与"微观经济学"两大部分,通常开设在本科一年级阶段,对大学新生的思想理念、价值观的形成起到非常重要的作用,是大学思政教学的重中之重。

专业教材的选择也是思政课程建设的重点。本课程按照教育部要求,统一使用"马工程"教材,实现了教材上的规范化、标准化。本课程思政的课程知识切入点,是在实践教学阶段引入更多的中国经验、中国问题和中国发展成果,以大量的中国案例诠释西方经济理论,体现中国智慧与中国特色。

首先,优化思政课程路径。从市场经济理论出发,解读中国经济改革开放以来的发展历程及取得的成就,即从整体规划设计、师资培养、确保质量和严把教材关4个方面,使思政课程建设和专业创新发展有机结合。严把思政课程质量关,完善教学大纲、授课提纲中思政内容的准确性和及时性,做到思政内容全覆盖;关注社会经济,实现课程思政对专业课程内涵层面的全覆盖。

其次,细化课程思政内容,结合特色核心价值观,理解中国经济的现状和问题。思政课结合专业教学,将中国特色社会主义实践经验、历史和伟大创举,深入浅出、潜移默化地贯穿在专业教学之中;不但根据不同专业学生的需求注重共性和个性的调整,还引导学生从单纯的理解记忆,学习主动思考领会、举一反三。

最后,明确中国特色社会主义市场经济与西方经济的区别及其特殊性,理性思考、明辨是非,形成积极向上的主流价值观。"西方经济学"是市场经济的基础理论,从宏观与微观的视角,分析市场机制、市场参与者的个体行为,以及国家、地区的经济运行机理、经济增长等具体问题。因此,将西方经济理论紧密结合中国经济改革开放以来的发展历程展开课程思政教学,不但能加深学生对理论知识的理解,也能更好地引导学生理论联系实际,正确地认识中国经济发展现状及成就,培养学生爱国主义情怀,增加学生国家认同、政治认同、文化认同,坚定学生"四个自信",还能帮助学生树立正确的世界观、人生观和价值观,增强学生学习的获得感。

(二)思政教育的课程目标

习近平总书记在2016年召开的全国高校思想政治工作会议上明确指出,要用好课堂教学这个主渠道,使各类课程与思想政治理论课同向同行,形成协同效应。浙江工商大学作为浙江省省部共建、以"大商科"为特色的高等院校,围绕经济学一流学科发展,加强课程思政建设既是顺应课程改革的要求,也是提高高校思政教育实效性的积极探索。

一是专业成才,精神成人。从市场经济理论出发,解读中国经济改革开放以来的发展历程及取得的成就。"西方经济学"课程作为财经类专业基础课程,思政教学责任重大、使命光荣、内容丰富,需要紧密融合宏观、微观经济学专业理论知识讲解,有效地开展中国特色社会主义理念、社会主义核心价值观、党史革命史、法治、心理健康、中华优秀传统文化等思政内容教学活动,承担起教育大学生爱党、爱国、爱社会主义、爱人民、爱集体的责任,引导大学生形成正确的理想信念、政治认同、家国情怀、文化素养、宪法法治意识和道德修养。

二是立德树人，价值引领。全面了解中国政府的经济政策、发展理念及发展目标，理论联系实际，坚定对中国经济未来发展的信心。由于各种主客观因素的影响，过去一段时间，经济学教学领域的思政教学常处于"边缘化"的地位，思政工作内容与学科专业之间也呈现"疏离化"的状态。为进一步贯彻落实中共中央国务院关于加强和改进新形势下高校思想政治工作的意见精神，本课程思政的重点是将思想政治教育放在首位，并真正融入高校立德树人的教育实践中，贯穿教育教学的全过程，充分发挥专业课程的价值渗透作用及对大学生的价值引领作用，培养社会主义的合格建设者和可靠接班人。

三是构建长效机制，坚定自信。在提升理论水平的同时，坚定"四个自信"，坚定地树立社会主义核心价值观，构建思政课程机制，完善教学体系，发挥思政教师在提高政治意识、政治素养、政治水平等方面的作用；建立合理且高效的考评标准，围绕课程思政的具体要求，强化管理；深入研究，不断追求突破创新，总结思政教学经验，形成可持续发展的长效机制。

三、特色及创新

"西方经济学"课程思政的主要特色及创新点有以下3项。

（1）不为思政而思政。对学生而言，课程思政往往带有枯燥生硬的标签，本课程思政的特色是根据理论教学进度，以解读大量实际案例的方式，将中国元素汇入教学内容之中，潜移默化地达到课程思政的效果。

（2）活学活用，聚焦中国现实。高等教学，特别是经济学专业理论教学最大的难点是实现理论与实践的转化。思政教学应当时刻关注中国现实社会热点问题，用西方理论分析中国实际，不但能够实现课程思政目标，也能更好地提升理论教学效果。

（3）举一反三，突出中国特色。"西方经济学"课程最长只有1学年的教学时长。作为专业基础课和必修课，课程思政更重要的是让学生形成以中国现实、中国特色为中心，辩证地思考分析问题的思维方式，树立正确的世界观和价值观，在之后长期的学习生活中能够举一反三地提高正确的思辨能力。

四、具体教学设计1

思政课程主题：经济学导论——（经济观察与经济统计）中国为何被西方国家"讨厌"？

理论知识点：经济学三要素，正确分析、解读经济统计数据。

课程思政要点：从数据了解中国经济发展成就，通过国际比较，客观理性地理解中国经济增长及全球定位。

思政教学内容及步骤：

（1）经济学三要素。经济学研究是以问题为导向建立的研究体系，包含三大要素，即经济观察、经济问题和经济理论。而经济观察主要是通过大量经济统计数据，了解现实经济的运行从而发现问题，借助经济理论展开深入分析。

（2）经济观察。从学术的视角了解现实、发现和分析问题，需要通过统计数据进行科学的观察和比较。收集和整理反映国家经济运行状态和发展的经济统计数据、指标是经济学研究的第一步。

（3）经济统计数据。中国的经济发展水平可以通过对大量统计数据进行时序列及截面分析来衡量，如GDP作为重要的宏观经济统计数据，不但可以反映中国经济高速发展的现状，而且还可以作为国际比较指标，进一步反映全球化趋势下中国的国际定位。

（4）宏观统计数据比较。中国经济发展的奇迹，增强了国力，造福了人民；但为何近年来西方发达国家不断提出"中国威胁论"，并以各种方式阻挠中国的发展呢？通过横向和纵向比较全球各国GDP数据的变化，不难得出一个客观的观察结果：中国经济增速高于全球平均水平，特别是远远高于西方发达国家，使得中国经济在世界经济中的占比不断提升，而西方国家的占比却在不断下降。从全球财富分配的视角来看，中国的崛起必然会触动发达国家的既得利益，这才是西方国家"围堵"中国的真正原因。

（5）分析结果和解决方案。根据经济数据的客观分析比较结果，学生理解近年来以中美关系为代表的中国与西方国家冲突的本质，并不是所谓的制度问题、人权问题，其根本是利益冲突，而且在地球资源有限的现实条件下，这一冲突还将持续。因此，为了实现中华民族伟大复兴，必须正视现状，发挥中国智慧，即党中央提出的双循环格局、"一带一路"倡议、人类命运共同体等调整战略，化解当下的矛盾，继续加大改革开放的力度，最终实现中华民族伟大复兴的大业。

五、具体教学设计2

思政课程主题：微观经济学——（需求分析）中国游客"爆买"日本、扫货全球是中国制造业的悲哀吗？

理论知识点：理解市场机制是微观经济学的核心内容。市场需求的基本特征包括需求法则（价格机制）、需求变动和弹性理论。

思政要点：随着中国经济的崛起，海外旅游、购物越来越普遍。不断增长的海外中国游客人数和购买力让世界为之惊叹，也引起了国人的反思。从经济学角度加以分析，抛开表象，正确理解这一现象，既有利于学生更好地掌握经济理论，也能反映中国经济社会发展的伟大成就。

思政教学内容及步骤：

（1）通过展示大量的统计数据，学生了解近年来中国游客海外旅游、购物快速增长的实情。同时进行思考,为何中国游客会"爆买"日本、扫货全球？在国人大量购买海外产品的背后,真的是因为国货不如洋货吗？

（2）需求的基本特性是需求法则,即影响商品的需求量的主要因素是价格,价格与需求量之间反向变动。因此,结合案例及理论模型发现,"爆买"日本实际是因为日元对人民币汇率近年大幅贬值的市场反应;对于中国游客而言,日元贬值导致日本的产品、服务价格大幅下降,才是现象背后的重要原因之一。

（3）影响需求的其他因素,包括收入、相关产品等,还会导致在同样价格水平下需求量的变动。因此,中国的经济增长带动了国人收入的增加和购买力的上升,以及日本政府吸引海外旅游的政策等因素,都会促进中国人对日本商品及服务的需求大幅增长,这是"爆买"日本现象的另一个重要原因。

（4）需求的价格弹性。根据弹性理论,不同商品在价格变化时需求量的变动程度各异,可以用需求价格弹性来反映不同商品的需求量对价格变动的敏感程度。通常而言,生活必需品或者不可替代的商品是缺乏弹性的商品;反之,奢侈品或存在大量替代品的商品是富于弹性的商品。因此,结合案例及理论模型分析发现,改革开放之初,日本的家电等产品就已大量进入中国市场,但因为中国制造业刚刚起步,无法满足国内的需求,我们对海外商品的需求缺乏弹性,即使汇率变动也无法形成"爆买"现象。而今中国制造业越来越发达,我国几乎可以生产出所有满足国内消费需求的商品,反而导致海外商品的需要越来越富有弹性,在日元贬值、收入增长等因素的综合影响下,产生了需求量暴增的结果。

（5）总结市场需求的特征。结合需求法则、需求变动及弹性理论,可以得出一个客观的结论,即国人"爆买"日本、扫货全球现象,恰恰是中国经济高速发展和制造业水平快速提升的必然结果。这一现象不但不是中国制造业的悲哀,反而是中国制造业发达的辉煌成果和骄傲。

六、具体教学设计3

思政课程主题:宏观经济学——（国民经济核算）供给侧结构性改革。

理论知识点:现代宏观经济运行的基本机理,从三面等价原则了解宏观经济的基本面,从经济统计数据观察经济结构。

课程思政要点:基于最新统计数据了解中国经济结构性特征,了解供给侧结构性改革的概念和逻辑、具体内容和政策目标,以及中国高质量发展的内涵。

思政教学内容及步骤:

（1）经济运行机理及供给侧的概念。现代宏观经济运行是围绕市场展开的产品—收入循环,根据经济运行机理,一个国家实现的总产出都会转化为参与生产的要素,即国民总收入,而国民收入又会通过市场全部转化为总支出,以实现生产的价值,即总产出。因此,市场经济体的运行符合三面等价的基本原则,即"总产出＝总收入＝总支出"。同时,根据市场交易的性质,总支出反映了市场的需求,属于需求侧;总产出属于市场供给,因此和总收入一起属于供给侧。

(2)GDP的统计方法与经济结构。根据国家统计局出版的《国家统计年鉴》,GDP的统计至少有3种方法——生产法、收入法、支出法。按照三面等价原则,虽然总量相等,但不同的统计口径可以分别反映经济三大基本面的结构性特征,即三大宏观经济结构性指标。

(3)中国宏观经济结构性特征。整理最新经济统计数据,观察比较后可以发现中国经济结构的现状及存在以下几个问题:一是国内消费需求不足、投资驱动明显、净出口作用下降、政府支出过高的支出结构,导致经济增长缺乏获得感,存在一定的经济泡沫化风险;二是虽然产业结构总体不断优化,但制造业及生产性服务业等实体行业增长缓慢,以房地产及金融行业为代表的虚拟经济部门增速过高,这是导致投资驱动的主要原因;三是宏观收入分配结构反映出劳动者报酬占比较低、资本回报率不高、政府税收收入高、折旧率过高,导致内需动力不足。

(4)供给侧结构性改革思路。传统西方经济理论认为,刺激有效需求,即需求侧的干预,可以拉动经济。从中国经济发展现状看,根据我国经济结构的特殊性,党中央提出了反映中国智慧的"供给侧结构性改革"。结合对经济运行机理的了解,所谓供给侧结构性改革,就是针对产业结构和收入分配结构进行调整,以实现可持续、高质量发展转型的目标。

(5)供给侧结构性改革内容。产业结构调整的核心是回归实体,通过"三去一降一补",大力发展实体经济,同时提出"房住不炒",遏制虚拟经济的过快增长。政府首先通过"减税降费"还富于民。其次,进一步推出脱贫攻坚、乡村振兴等政策,一方面迅速提高中低收入者的收入水平,激发国内消费;另一方面,通过建设"共同富裕"目标,增强国民的获得感和幸福感。最后,针对折旧率过高的问题,出台大力发展绿色经济、循环经济、低碳经济等一系列相关政策,以提升经济发展效率,最终实现可持续高质量发展的目标。

"金融风险管理"课程思政微课设计

邓弋威①

一、基本信息

表1展示了"金融风险管理"课程的基本信息。

表1 "金融风险管理"课程基本信息

课程名称	金融风险管理		
课程性质	专业核心课	授课对象	金融类专业本科生
微课章节名称	(1)信用风险管理创新	(2)交易对手违约风险管理	(3)动态对冲技术应用:保险＋期货

二、教学设计

(一)切入课程思政的课程知识点

"金融风险管理"是金融类专业大三下学期的必修课程。课程以《巴塞尔协议Ⅲ》为基础,讲授金融机构如何利用量化技术,完成金融风险识别、监测和处置、监管综合方案的设计,具有鲜明的"数字＋金融""理论＋实践"的新文科复合特征。课程思政教学以规范职业道德、强化职业伦理认知为目标。本组微课包括以下3个方面的内容。

1.银行信贷组合管理中的信用风险控制技术("信用风险管理创新"课程)

2022年《政府工作报告》中指出,要提高小微信用贷和首贷户比例,但传统的信用风险控制方法在小微金融实践中暴露出一定缺陷。本节课围绕浙江省实地调研获得的案例,展开探讨信用风险管理如何与公共治理结合,共同服务乡村振兴与共同富裕建设,课程思政聚焦于金融从业合作意识的养成。

---

① 邓弋威,浙江工商大学金融学院副教授。

2. 交易对手违约风险的宏观影响因素（"交易对手违约风险管理"课程）

2021年,中央财经委员会第十次会议布局"防范化解重大金融风险"工作时强调"遵循市场法治化原则",如何科学制定规则、如何遵守规则是市场交易制度设计关注的核心问题。本节课聚焦于交易对手违约风险,从制度层面出发,以多层次案例对比,探讨规则设计和规则意识在交易对手违约风险管理中的作用;课程思政聚焦于金融从业的规则意识培养。

3. 期权动态对冲技术的应用:保险＋期货（"动态对冲技术应用:保险＋期货"课程）

"保险＋期货"是中国期货产业跨行业整合资源服务实体最具代表性的业务模式,自2016年起连续7年被写入中央一号文件,也是动态对冲技术最具典型性的应用场景。本节课聚焦真实的生猪产业"保险＋期货"设计,探讨金融创新的机制与逻辑;课程思政聚焦金融服务实体的基本职业伦理。

（二）思政教育的课程目标

"金融风险管理"的课程思政教学,结合学科历史的重大事件和当下的创新实践,关注职业道德和职业伦理养成,引导学生从正、反2个方面主动思考"什么是金融""什么是金融人"的伦理问题,从实践上深化对国家产业政策、方针的理解与认同。具体到本组微课,3个微课对应的思政目标分别如下。

1. 深化合作意识（职业态度,对应"信用风险管理创新"课程）

"分工合作最终实现共赢是金融的核心理念。"本节课从浙江本地最具特色的小微金融服务创新实践出发,探讨传统的信贷组合管理技术如何在更大范围内与非金融主体结合,如何引入公共治理因素解决信用风险管理中的信息问题,深化学生对合作共赢理念的认知,使其跳出专业的技术层面,从社会系统角度理解金融的逻辑。

产业政策解读:2022年中央一号文件和《政府工作报告》关于"加强农村信用贷款供给"的论述。

2. 强化规则意识（职业道德,对应"交易对手违约风险管理"课程）

"敬畏市场、尊重规则是金融人的基本操守。"本节课从中国国债期货史上的重大风险事件出发,探讨当下中国国债期货市场如何基于历史教训优化设计,防范交易对手违约风险,并引入2022年伦敦镍市场风险事件进行对比,引导学生思考规则对金融交易的重要性和遵守规则对金融职业生涯的重要性,强化学生职业道德认同。

产业政策解读:习近平总书记在2021年中央财经委员会第十次会议上的讲话。

3. 优化服务意识（职业初心,对应"动态对冲技术应用:保险＋期货"课程）

"金融的路在于服务实体。"本节课围绕连续7年被写入中央一号文件的"保险＋期货"展开,将动态对冲风险管理技术运用于农民稳定收入的实际场景,引导学生如何搭配不同的金融工具、借助不同的金融机构来解决实体经济存在的问题,让"金融服务实体"的理念具象化,使其不忘初心,塑造学生的职业伦理观。

产业政策解读:2016—2022年中央一号文件关于"保险+期货"的论述。

三、特色及创新

本组微课针对高年级金融专业类学生关注实践应用问题,具有初步专业逻辑思维的特点,设计聚焦"如何切入""如何选材""如何共情"这3个问题,在教学方式、教学内容和教学方法上进行创新。

第一,教学方式上,以真实案例为基础,以任务型教学为基本方式,激发学生的学习兴趣,用串联的问题链增强学生主动学习的动机。以案例为载体,将专业技术与价值观培育有机融合,学生在探索"是怎么样"的实证性专业问题的同时,主动进行"该怎么样"的规范性价值判断,润物细无声地解决专业知识点与思政点脱节的问题。

第二,教学内容上,强调内容的高阶性、时效性和延展性。教学内容的选取直击风险管理技术中的前沿性问题,对接金融实践的新做法,特别注重对中国元素、浙江元素的提炼,以及历史与现实的对比、境内与境外的对比,强化学生的获得感与认同感。教学内容强调开放性,引导思考而非填鸭式教学,变课程思政教学被动式的价值观灌输为主动式的价值观认同。

第三,教学方法上,以"五步法"强化微课逻辑,以口语语态拉近师生距离,增加教学共情力。微课教学基于案例,按照情境、问题、假设和方法、验证的逻辑逐层推进,解除文科类课程与价值观培育逻辑发散、学生学习链路不清晰的痛点;减少政治语态和学术语态等书面、专业性语态在本科教学过程中的使用,强化口语语态,用学生更容易接受的方式讲授,让学生能真正听懂、悟透、入脑、入心。

四、具体教学设计1 "信用风险管理创新"课程

(一)基本信息

表2展示了"信用风险管理创新"课程思政的基本信息。

表2 "信用风险管理创新"课程思政基本信息

教学内容	信用风险管理创新
思政元素	合作意识与金融职业态度的养成
教学时数	1学时(12分钟),本节属于第9章第3节

(二)教学目标

1.专业技能目标

(1)列举信用风险管理的基本手段,阐述传统信用风险管理手段的不足及其成因。

(2)基于大金融视角设计信用风险管理流程,关注信息约束与风险约束两大问题,如

何引入适配资源解决问题。

2.思政育人目标

(1)深化合作意识,培养系统思维,建立"金融的核心是通过分工实现合作共赢"的基本职业价值观。

(2)强化对中国普惠金融实践的理解与认同,深化对2022年《政府工作报告》与中央一号文件关于小微涉农信贷政策的理解。

(三)教学资源

1.专业资源

(1)约翰·赫尔:《风险管理与金融机构》,机械工业出版社2021年版,第21章。

(2)中国银行间市场交易商协会:《金融市场风险管理:理论与实务》,北京大学出版社2019年版,第5章。

2.思政资源

(1)2022年《政府工作报告》关于小微涉农信贷的论述,特别是纯信用、首贷户的相关论述。

(2)"十四五"规划中关于"三治融合"基层社会治理的论述;2022年中央一号文件中关于小微涉农信贷的论述。

3.案例资源

(1)浙江桐乡农商行"三治信用贷"产品说明书。

(2)浙江省桐乡市小微金融调研基础资料与数据。

(四)课程思政学情分析

"分工合作"的理念是马克思主义政治经济学关于社会分工与经济价值创造的基本观点之一,在"政治经济学"课程中有过理论阐述。但"政治经济学"开课在大一上学期,学生对专业没有认知,无法建立起知识点与专业的联系;后续"投资学""商业银行经营管理"等课程视角集中在单个产业,整体性思维不足,学生对新时代、新业态下复杂金融问题的系统性思考较少,对合作共赢的职业态度缺少具象直观认知。

1.教学重点

本节课的重点是探讨银行信用风险管理过程中如何针对小微普惠金融的应用场景创新业务流程,具体包括以下2个层次。

(1)贷前从标准化数据管理到非标准化信息的采集与运用。

(2)贷后从以法律为主导的催收体系到柔性催收机制的确立。

2.教学难点

如何理解公共治理学科的引入改变金融风险管理流程的价值创造机制,需要一定的经济学理论基础与跨学科复合思维。

3.思政突破点

以浙江省共同富裕示范区建设的2张名片——国家级普惠金融试验区和源自桐乡、被写入党的十九大报告的"三治融合"基层社会治理体系改革为基础,以小微金融产品"三治信农贷"为载体,通过对比传统信贷业务和"三治信农贷"业务流程和管理机制的差异,引导学生认识系统观的重要性,强化学生对"合作共赢"的理解认知,使其更深刻地理解金融创新服务实体的终极目标。

(五)教学方式与方法

1.教学方式

如图1、表3所示,本节课遵循"有效教学"的理念,聚焦课程思政教学的"入脑入心",围绕"如何提高课程思政教学的学术支撑"这一问题设计,对接解读浙江省最新的小微金融实践,一方面解决"金融风险管理"课程监管政策部分相对枯燥、知识点零散、缺少画面感的教学难点,另一方面强化课程思政教学的真实性与感染力,让学生感受到职业价值观的培育无处不在。

本节课采用"任务型教学"模式,由问题驱动课堂,按照"五步教学法"进行组织。整堂课围绕"桐乡农商行三治信农贷"的真实案例展开,围绕"涉农小微金融中信息不对称问题如何解决"这一关键问题设置任务环,对比传统信贷流程和"三治信农贷"在流程管理和参与方式的差异,延伸探讨"三治信农贷"的价值创造机制,挖掘政策背后的理论逻辑,提升课程思政点的学术性。

2.教学方法

(1)案例教学。

整堂课的教学任务设计围绕"三治信农贷"这一案例展开,呈现大量的一手调研事实和数据,辅以经济学理论分析。学生在解构案例时,能够用科学的方法分析合作共赢的价值,使得课程思政教学的真实性、规范性和获得感增加。

(2)情境教学。

本堂课的教学在真实案例基础上创设情境。学生代入银行管理者视角,思考"如果站在小微金融机构视角,风险管理问题如何解决",比较不同主体在资源禀赋、能力要素上的相对优势,激发学生的态度体验,增加课程思政教学的共情力。

(3)启发式教学。

本堂课的教学以启发式教学展开,以口语语态的提问、回答,促进学生的主动思考,变被动的观点灌输为主动的价值观凝练,增强课程思政教学的感染力。

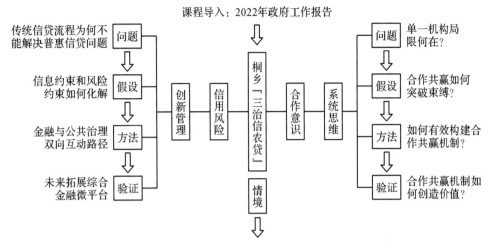

图1 "信用风险管理创新"教学设计思路

表3 "信用风险管理创新"课程思政教学过程

教学环节	教学活动	思政融合	设计意图	时长
导入	基本内容回顾与引入	引入政策文件并思考	建立课程基础	1分钟
创设情境	"三治信农贷"案例复现	构建思政教学基本背景	以真实案例支持整个课堂	4.5分钟

续　表

教学环节	教学活动	思政融合	设计意图	时长
提出问题	提问:"三治信农贷"理论上有哪些创新?	引导学生将思政点与经济学科学方法有效结合	引发学生思考,强化主动性	0.5分钟
建立假设	提问:如何从博弈关系和价值创造来分析问题?	合作共赢机制建立的理论基础	启发式提问,引发学生思考	0.5分钟
构建方法	基于博弈模型和价值链的模型化分析	金融与公共治理互动共赢的理论机制,强化思政点的科学逻辑	证据链呈现,以逻辑性强化认同	4分钟
验证提升	能否基于"三治信农贷"的设计逻辑进一步拓展创造?相关政策支持	延伸应用:在系统观的思维指导下,更大范围的合作共赢,对接中央一号文件和"十四五"规划解读	层层拓展,引导学生从更大范围认知中国的公共治理体系与金融治理体系,增强学生制度自信	1分钟

教学环节	教学活动	思政融合	设计意图	时长
总结	总结课程 	合作共赢的理念及其在浙江的实践	提炼课程要点强化教学效果	0.5分钟

五、具体教学设计2　"交易对手违约风险管理"课程

(一)基本信息

表4展示了"交易对手违约风险管理"课程思政的基本信息。

表4　"交易对手违约风险管理"课程思政基本信息

教学内容	交易对手违约风险管理
思政元素	规则意识与金融职业道德教育
教学时数	1学时(12分钟),本节属于第10章第3节

(二)教学目标

1.专业技能目标

(1)列举交易对手违约风险的影响因素,阐述交易规则设计与交易对手违约风险的内在关联。

(2)基于对手违约风险控制的视角解读场内、场外交易的交易规则设计与产品合约设计,制定简单的金融交易规则。

2.思政育人目标

(1)强化规则意识,培养底线思维,建立"敬畏市场、最终规则"的基本职业道德伦理。

(2)强化对中国交易所市场和银行间市场交易规则的理解,特别是金融交易以安全和防风险为第一要务的设计逻辑。

(三)教学资源

1.专业资源

(1)约翰·赫尔:《风险管理与金融机构》,机械工业出版社2021年版,第20章。

55

(2)中国银行间市场交易商协会:《金融市场风险管理:理论与实务》,北京大学出版社2019年版,第8章。

2.思政资源

(1)习近平总书记在2021年中央财经委员会第十次会议上的重要讲话。

(2)2022年3月,刘鹤副总理在国务院金融稳定发展委员会专题会议上的论述与中国证监会的专题会议精神。

3.案例资源

(1)"327"国债期货事件。

(2)中国金融期货交易所国债期货合约书与交易指引。

(3)2022年3月,伦敦金属交易所镍事件。

(四)课程思政学情分析

关于职业道德的基本定义、金融职业道德规范在"思想道德修养"、专业思政课程"金融职业道德规范"等前期思政课程中已有论述,关于具体产品的交易规则在"投资学""金融工程"等课程中已有涉及,但学生对交易规则、诚信履约与金融交易的关系认知缺少体系性,对职业道德的认知停留在概念和记忆层面,缺少具象,认同感不强。

1.教学重点

本节课的重点是厘清交易对手违约风险宏观因素对对手违约风险的影响,具体包括以下2个层次。

(1)金融合约设计中交易对手违约风险的管理。

(2)市场交易规则中交易对手违约风险的管理。

2.教学难点

如何从合约设计、交易规则的变迁建立交易对手违约风险控制的因果逻辑。

3.思政突破点

从纵向和横向2个维度对当前中国市场与境外市场的现状进行对比,将专业知识与思政点有机融合,从合约设计交易规则到对手违约风险的因果逻辑与中国金融市场职业道德体系、中外金融职业道德规范差异的价值链形成交互,实现课程思政的"润物细无声"。

(五)教学方式与方法

1.教学方式

如图2、表5所示,本节课遵循"有效教学"的理念,聚焦课程思政教学的"入脑入心",围绕"如何提升课程思政教学价值传递的效率"这一问题来设计,对接解读中国金融风险监管设计相关准则。一方面,解决"金融风险管理"课程数理性强、专业门槛高,学生抗拒、畏难情绪严重的教学难点;另一方面,强化课程思政教学的黏度与渗透力,真正做到课程思政教学的"润物细无声"。

本节课采用"任务型教学"模式,由问题驱动课堂,按照"五步教学法"来组织。整堂课围绕"327"国债期货事件的真实案例展开,围绕"国债期货合约设计和交易规则设计"这一关键问题设置任务环,纵向对比1995年与当前国债期货市场合约和规则的异同,横向对比2022年中国国债期货市场和伦敦金属交易所期货市场的不同事件,延伸探讨"327"国债期货事件参与方的结局,引导学生认知规则和守约的价值。

2.教学方法

(1)案例教学。

整堂课的教学任务设计围绕"327"国债期货事件这一案例展开,纵向对比中国市场同一产品在不同时期的表现,横向对比境内外不同市场的现象。学生在解构案例时,主动认同合规意识,使得课程思政教学的真实性、趣味性和获得感增加。

(2)情境教学。

本堂课的教学在真实案例基础上创设情境。学生代入投资者视角,思考"如果万国证券交易持续,会发生什么"。比较中国市场不同历史时期、同一时期境内外不同市场的差异,激发学生进行一定的态度体验,增强课程思政教学的共情力。

(3)启发式教学。

本堂课的教学以启发式教学模式展开,以口语语态的提问、回答,促进学生主动思考,变被动观点灌输为主动价值观凝练,增强课程思政教学的感染力。

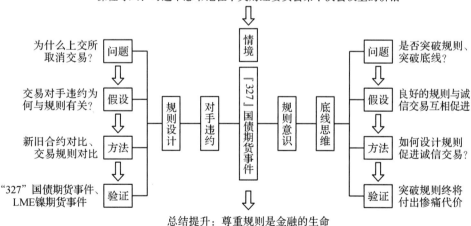

图2 "交易对手违约风险管理"教学设计思路

表5 "交易对手违约风险管理"课程思政教学过程

教学环节	教学活动	思政融合	设计意图	时长
导入	基本内容回顾与引入	引入习近平总书记的讲话并思考	回顾并建立课程基础	1分钟
创设情境	"327"国债期货事件案例复现	构建思政教学基本背景	以真实案例支持整个课堂	4分钟
提出问题	提问:为什么上交所需要取消交易?	"327"事件中哪里存在违背职业道德的行为	引发学生思考,强化主动性	0.5分钟
建立假设	提问:合约设计与交易规则是否存在不完备之处?	技术层面的漏洞与违规的关联	启发式提问,引发学生思考	0.5分钟
构建方法	规范对比分析:合约设计与交易规则	正面阐述:如何设计规则防范风险	证据链呈现,以逻辑性强化认同	4分钟

58

教学环节	教学活动	思政融合	设计意图	时长
验证提升	"327"事件的后果、LME镍期货事件拓展 ○ 空方 万国破产,管金生锒铛入狱; ○ 多方 中经开、"四大赢家"最终落入法网; ○ 监管 上交所总经理尉文渊辞职。	反面对比:践踏规则终将遭到惩罚,对接市场交易规则热点政策解读	正反对比:引导学生认同中国市场的建设成就,强化制度自信	1.5分钟
总结	总结课程 良好的合约设计,清晰的交易规则,更是保证诚信交易、降低对手违约风险的重要外部手段。	尊重市场、敬畏规则的意义	提炼课程要点,强化教学效果	0.5分钟

六、具体教学设计3　"动态对冲技术应用:保险＋期货"课程

(一)基本信息

表6展示了"动态对冲技术应用:保险＋期货"课程思政的基本信息。

表6　"动态对冲技术应用:保险＋期货"课程思政基本信息

教学内容	动态对冲技术应用:保险＋期货
思政元素	服务实体意识与金融职业初心培养
教学时数	1学时(12分钟),本节属于第3章第3节

(二)教学目标

1.专业技能目标

(1)阐述动态对冲技术的基本逻辑,列举"保险＋期货"业务参与方的风险处置机制与工具。

(2)基于实体产业客户的风险管理诉求,搭配使用已有的金融工具,完成金融机构视角的风险管理产业链架构设计。

2.思政育人目标

(1)深化服务意识,培养实体思维,深刻理解"金融服务实体"职业取向的基本内涵。

（2）强化对中国风险管理产业发展方向的理解与认同，深化对历年中央一号文件中关于"保险＋期货"政策条款的理解。

（三）教学资源

1. 专业资源

（1）约翰·赫尔：《风险管理与金融机构》，机械工业出版社2021年版，第8章。

（2）郑振龙、陈蓉：《金融工程》，高等教育出版社2020年版，第14章。

2. 思政资源

（1）2016—2022年中央一号文件关于农业风险与金融配套政策的论述，特别是与"保险＋期货"相关业务的论述。

（2）2020年10月，外滩金融峰会副主席王岐山关于金融功能的重要论述。

（3）2019—2021年中国期货业协会期货公司服务实体案例选编。

3. 案例资源

（1）某期货公司生猪"保险＋期货"业务说明书。

（2）某保险公司"生猪养殖保险"业务说明书。

（四）课程思政学情分析

金融服务实体、避免脱实向虚是新时代党中央和全国人民对金融从业人员的要求，也是金融产业应守的初心。但是，一方面，金融实践中"利"字当头，缺少社会责任的从业者屡有出现；另一方面，在金融学教育中，大部分课程集中在投资策略设计上，就金融谈金融，忽略了金融与实体的依存关系。学生对"到底什么是金融""金融应该做什么"存在普遍性的迷茫甚至焦虑。

1. 教学重点

本节课的重点是探讨如何运用动态对冲技术复制期权，解决实体用户价格风险管理诉求，实现稳定收入，具体包括以下2个层次。

（1）产业链的风险生成机制分析及风险评估。

（2）针对不同风险选用不同风险管理工具进行转移分散。

2. 教学难点

动态对冲技术本就是"金融风险管理"课程的教学难点。本节课强调技术在现实场景中的应用，需要"理论＋实践"的复合思维。

3. 思政突破点

以浙江省在全国金融产业中最具特色的衍生品与风险管理服务破题，以师生参与设计推广的生猪类"保险＋期货"业务为基础案例，通过对生猪产业链的风险传递机制，对比不同金融产品在服务实体中解决的不同问题，探讨风险传递机制背后的社会意义，引导学生思考"金融服务实体"初心的具体内涵和实现路径，对金融从业的价值观产生发自内心的认同。

（五）教学方式与方法

1.教学方式

如图3、表7所示，本节课遵循"有效教学"的理念，聚焦课程思政教学的"入脑入心"，围绕"课程思政教学如何让专业性与价值洗礼高度契合"这一问题设计，对接解读浙江的风险管理产业实践。一方面，解决"金融风险管理"课程中技术知识点数理要求高、缺少实践应用场景的教学难点；另一方面，强化课程思政教学与专业教学的高度融合，避免"两张皮"观象，真正做到全方位育人。

本节课采用"任务型教学"模式，由问题驱动课堂，按照"五步教学法"进行组织。整堂课围绕"生猪产业保险＋期货"的真实案例展开，围绕"生猪养殖户如何解决上下游价格波动风险"这一关键问题设置任务环，对比传统农业保险和"保险＋期货"在风险处置机制和参与主体的差异，延伸探讨产业链的风险管理方案设计技术，用实践教育提升课程思政教学的说服力。

2.教学方法

（1）案例教学。

整堂课的教学任务设计围绕"三治信农贷"这一案例展开，呈现大量的一手调研事实和数据，辅以经济学理论分析。学生在解构案例时，能够用科学的方法分析合作共赢的价值，使课程思政教学的真实性、规范性和获得感增加。

（2）情景教学。

本堂课的教学在真实案例基础上创设情境。学生代入风险管理机构视角，思考"如何帮实体客户解决全面价格波动风险的问题"，比较不同主体在资源禀赋、能力要素上的相对优势，激发学生的态度体验，增加课程思政教学的共情力。

（3）启发式教学。

本堂课的教学以启发式教学展开，以口语语态的提问、回答，促进学生主动思考，变被动观点灌输为主动价值观凝练，强化课程思政教学的感染力。

课程导入：2016—2022中央一号文件关于"保险+期货"的论述

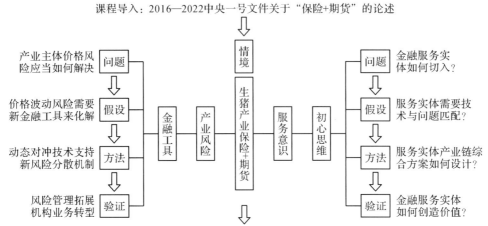

总结提升：金融服务实体是金融产业必须牢记的初心

图3 "动态对冲技术应用：保险＋期货"教学过程设计思路

表7 "动态对冲技术应用：保险＋期货"课程思政教学过程

教学环节	教学活动	思政融合	设计意图	时长
导入	基本内容回顾与引入	引入政策文件并思考	回顾并建立课程基础	1分钟
创设情境	生猪产业链风险管理案例复现 2009年—2021年中国500个农贸市场平均猪肉价格（元/公斤）	构建思政教学基本背景	以真实案例支持整个课堂	3分钟
提出问题	如何解决已有金融产品效能不足的问题？	引导学生树立基本的实体观：如何有效选择金融工具匹配实体需求	引发学生思考，强化主动性	1分钟

教学环节	教学活动	思政融合	设计意图	时长
建立假设	如何解决风险进一步分散的问题？ 	引导学生思考：如何细化服务实体的每一个环节？	启发式提问，引发学生思考	0.5分钟
构建方法	动态对冲技术在期权设计中的应用 	金融服务实体与金融技术的互动机制，理解金融技术与实体产业的关系	技术链呈现，活化呈现技术服务实体的具体方式	4.5分钟
验证提升	如何从生猪产业进一步扩展？相关政策支持 	延伸应用：大视角下服务实体的解决方案，相关政策问题解读	层层拓展，引导学生从更大范围认知金融服务实体的内涵，增强职业荣誉感	1分钟
总结	总结课程	点明主题：金融的路在哪里？深化对初心的思考	提炼课程要点，强化教学效果	1分钟

"环境学"课程思政微课设计

赵雯璐[①]

一、基本信息

表1展示了"环境学"课程的基本信息。

表1 "环境学"课程基本信息

课程名称	环境学		
课程性质	专业课程	授课对象	环境工程、环境科学专业本科生三年级
微课章节名称（3个）	(1)水污染原理——"泵"向江河湖海,守护蓝碳生态	(2)土壤污染防治——绿色修复,低碳先行	(3)固体废物污染——见"微"知著,"塑"战"塑"决

二、教学设计

（一）切入课程思政的课程知识点

1.水污染原理——"泵"向江河湖海,守护蓝碳生态

本课程从富营养化的生成条件出发,由浅入深地梳理了富营养化现象的成因和危害,学生在回答问题中思考人与自然耦合系统中相互作用的关系。在此基础上,围绕国家"双碳"目标下的海洋环境方案——蓝碳过程,引导学生从多学科角度思考蓝碳的作用机制,并结合最新太湖富营养化研究,深入理解富营养化如何影响蓝碳过程,使水体环境从碳汇转变为碳源的形成机制。

---

① 赵雯璐,浙江工商大学环境科学与工程学院讲师。

2.土壤污染防治——绿色修复,低碳先行

本课程从国家土壤环境管控与污染修复的相关政策切入,探讨污染土壤绿色可持续修复的内涵;通过讨论典型污染地块案例,学生以辩证的思维,从经济、技术、环境、社会等角度提出不同土壤修复技术,深入理解绿色可持续修复技术的应用;结合我国污染土壤修复理念和技术的发展历程与国家战略环保计划,剖析未来污染土壤绿色可持续修复的低碳目标。

3.固体废物污染——见"微"知著,"塑"战"塑"决

本课程以新冠疫情背景下一次性口罩的使用作为切入点,引导学生思考塑料作为典型固体废物之一,其在环境中的污染途径;结合"微塑料"热点及有关人体中微塑料的最新研究报道,探讨环境中塑料/微塑料进入生物体的传输机制及生态风险,从而引导学生思考未来应如何基于塑料生命周期提出绿色、经济、高效的塑料废物管控方法。

(二)思政教育的课程目标

本课程作为培养环境学子的专业性课程,努力与环境学科发展相契合,在课程中引导学生结合社会热点与国家环保战略计划,厚植爱国情怀,服务国家需要,树立学生专业使命感与责任感;同时,围绕环境领域研究热点与前沿进展情况,加深学生专业认识与科学思维,培养高视野、强实践、大格局的优秀专业人才。3个微课的具体思政目标对应如下。

1.构建陆海统筹一体化水体污染防治的生态文明大格局思想(理论学习视野,对应第1节微课)

本课程从应对气候变化的视角认识蓝碳,培养学生具备陆海统筹的水资源保护系统化思维;从富营养化的生成条件、机制和危害,强化学生树立人与自然耦合关系中人类尊重自然、顺应自然、保护自然的生态文明理念;从富营养化与蓝碳过程的作用,引导学生形成尊重生态系统整体性和系统性客观规律的科学认识;以科学家事迹,拓展学生水体污染防治思维,形成陆海统筹一体化发展的生态文明大格局思想。

2.树立健康中国与人类命运共同体思想下污染土壤修复技术的绿色可持续发展理念(技术发展理念,对应第2节微课)

本课程立足"培育健康土壤,支撑健康中国"思想,强化学生土壤环境保护意识与专业责任感;对国家土壤环境管控与污染修复的相关文件进行梳理与解读,引导学生树立专业学习需紧跟国家重大方针政策,且服务于国家战略重大科技需求的价值观;基于我国污染土壤修复理念与技术的发展历程,激发学生对民族技术革新历程与理念进步的自豪感,养成终身学习的品质;从案例学习及相关研究进展入手,强化学生绿色可持续发展的理念,以及对科学技术问题的提炼与独立思考能力。

3.坚持理论联系实际,关注社会与研究热点的科学精神与专业责任担当(专业应用实践,对应第3节微课)

从新冠疫情的社会背景入手,引导学生培养后疫情时期环保人的责任与担当;从塑料

作为典型固体废弃物的环境输移途径入手,培养学生观察、分析判断、知识综合运用的能力;从环境领域研究热点微塑料入手,培养学生关注社会与研究热点,以人类—环境—生态系统化思维提高学生从事环境科学领域研究的兴趣;从塑料/微塑料进入人体的最新研究及危害入手,揭示塑料问题带来的生态问题的严峻性,引导学生思考中国所面临的塑料/微塑料源头治理、健康风险等一系列挑战与机遇。

三、特色及创新

第一,以社会热点事例与前沿研究带动思政教育,促进专业理论教学与思政教育同向同行。比如,通过讲授蓝碳与焦念志院士的科学家精神、战"疫"下塑料废弃物问题、常州外国语学校污染事件等,培养学生理论联系实际、综合运用知识的能力,提高学生专业研究兴趣与责任感。

第二,采用线上和线下相结合的混合式教学。基于BOPPPS模型采用"4M-3D"适度翻转,提升学生主动学习、善于思考的能力。线上课程注重知识点的巩固与树立,线下课程通过教师讲授引导、分组讨论、课程报告等方式重视学生在课堂上的参与度,课程中"独立思辨始终得到鼓励,不仅贯穿于授课全过程,并一直闪烁着科学精神"。

第三,以学生为中心,以未来职业素养与学科生涯规划为导向,思政教育具体到个人的精准效果。本课程的宏观知识体系紧扣学科前沿进展与国家环保战略需求,针对高年级本科生更注重培养其分析与解决实际问题的能力,使得学生在未来职业道路或科研生涯中具有更加科学的专业思维,并富有更强的爱国情怀。

四、具体教学设计1 "水污染原理——'泵'向江河湖海,守护蓝碳生态"课程

(一)基本信息

表2展示了"水污染原理——'泵'向江河湖海,守护蓝碳生态"课程的基本信息。

表2 "水污染原理——'泵'向江河湖海,守护蓝碳生态"课程基本信息

课程名称	水污染原理
课程性质	开课对象:环境工程、环境科学专业本科生 开课学期:大三下学期 课程性质:专业选修课
教学时数	本次课程为1学时(10分钟),本节属于第1章第2节
教学内容	水污染原理——"泵"向江河湖海,守护蓝碳生态。 本课程从典型水体污染——富营养化问题的生成条件出发,由浅入深地梳理富营养化现象的成因和危害,学生在回答问题中思索人与自然耦合系统中相互作用的关系。在此基础上,介绍蓝碳的作用机制及其受富营养化的影响过程,逐步引导到当前生态文明建设主题下,学生形成陆海统筹一体化发展的大格局思想,践行保护绿水青山和碧海蓝天的使命

(二)课程思政学情分析

1.学生知识学习方面

本次课程主要针对环境类专业高年级本科生。学生已学习过"环境化学""环境生态学""水污染控制"等专业课程,具备一定的水污染相关知识基础。然而,相比于"水污染控制"课程的技术侧重性、"环境生态学"课程的理论侧重性,学生仍然缺乏对水体污染过程及其生态影响的系统性理解;同时,现有教材无法与研究前沿及国家环保战略需求同步更新,学生对国家水体污染防治的最新理念认识不够,综合运用所学知识以提出水污染防治措施的能力有待提升。

2.学生学习风格与学习能力方面

高年级本科生已形成一定的学习风格,更偏向于独立学习;同时,该阶段本科生专业思维较活跃,专业兴趣程度较高,乐于通过实际研究案例主动寻找问题的答案。因此,本课程利用线上、线下混合式教学,利用学生课后独立学习能力,通过课堂内适度翻转提高学生的课堂参与度,更加注重培养学生对知识的融会贯通与团队合作和沟通的能力。

3.学生思政教育基础方面

学生通过前期思想政治课程如"思想道德修养",以及专业课程学习,已具备良好的职业道德水平与专业修养。本课程将专业知识传授与前沿研究、国家最新方针政策有机结合起来,旨在培养学生在未来职业道路或科研生涯中具有更加坚定的专业思维与科学素养,并使其富有更强力的爱国情怀。

(三)教学目标

1.知识目标

通过本课程的学习,学生能够理解水体富营养化的生成机制,以及蓝碳的内涵与作用机制,并且明晰"双碳"目标下富营养化过程与蓝碳的影响关系。

2.能力目标

通过本课程的学习,学生具备立足"陆海统筹、河海兼顾"的理念,提出水体富营养化污染相关防治措施的能力。

3.素养目标

通过本课程的学习,学生能够理解水体富营养化问题是影响水资源从碳汇变为碳源的重要因素之一,有利于形成陆海统筹一体化发展的生态文明大格局的思想;通过蓝碳的学习,弘扬科学家精神,学生应努力将自身所学服务于国家需要的专业精神。

(四)教学重难点

1.教学重点

(1)水体富营养化的生成机制:通过理解水体富营养化的生成条件、生成过程,以及生成危害,厘清水体富营养化问题的来源与生成机制。

(2)蓝碳的作用机制:通过国家"双碳"目标下的海洋方案认识蓝碳,思考并理解全球水资源固碳储碳的作用机制。

2.教学难点

结合对太湖富营养化问题的最新研究,明晰水体富营养化问题如何使水体从碳汇变为碳源,进而思考其与蓝碳过程的关系。

3.思政教育突破点

(1)从富营养化的生成条件、机制和危害,强化学生对人与自然耦合系统中相互作用的关系的认识,树立人类必须尊重自然、顺应自然、保护自然的生态文明理念。

(2)从应对气候变化的视角认识蓝碳,并理解其与水体富营养化问题的作用关系,培养学生具备陆海统筹的水资源保护系统化思维,尊重生态系统整体性和系统性客观规律的科学认识。

(3)从最新研究案例着手,向学生介绍我国蓝碳理念提出者焦念志院士,拓展学生知识,以科学家精神培养学生科研志向,强化践行保护"绿水青山"和"碧海蓝天"的责任与使命感。

(五)教学资源

1.线上资源

国家精品课程"环境学基础"。

2.教材章节

左玉辉主编:《环境学》,高等教育出版社2010年版,第1章第2节。

3.参考资料

(1)专业资源。

a)Lishan Ran, David E. Butman, Tom J. Battin, et al. Substantial decrease in CO2 emissions from Chinese inland waters due to global change. Nature Communications, 2021,pp.1730.

b)Qitao Xiao, Xiaofeng Xu, Hongtao Duan, et al. Eutrophic Lake Taihu as a significant CO2 source during 2000—2015. Water Research, 2021,pp.115331.

c)焦念志、刘纪化、石拓等:《实施海洋负排放践行碳中和战略》,《中国科学》(地球科学)2021年第4期,第632-643页。

(2)思政资源。

a)《中共中央、国务院关于加快推进生态文明建设的意见》,将增加海洋碳汇作为有效控制温室气体排放的手段之一。

b)习近平总书记在党的十九大报告中指出:"加快水污染防治,实施流域环境和近岸海域综合治理""坚持陆海统筹,加快建设海洋强国。"

(3)案例资源。

《蓝碳:健康海洋固碳作用的评估报告》(*Blue carbon : the role of healthy oceans in binding carbon : a rapid response assessment*),2009.

（六）教学理念与方法

1.教学理念

（1）"新工科"教育思想。

将水体富营养化问题的生成机制与水环境固碳储碳能力相结合,延伸至应对气候变化的水资源保护方案思考,培养学生保护水环境的责任与使命感,将其所学知识服务于国家陆海统筹一体化发展的生态文明建设需求,在提出水体污染防治措施上体现出较强的系统性思维与技术实践创新能力。

（2）以学生为中心,面向产出。

本课程通过"线上学习+线下适度翻转"的教学模式,坚持以学生为中心,引导学生自主学习。学生开展对蓝碳过程与作用机制的讨论学习,思考水体富营养化问题对蓝碳的影响,逐步建立陆海统筹、减排增汇的水环境保护思想,提出针对流域—近岸水体富营养化问题的解决方案。

（3）课程思政融入专业教育。

本课程整合网络教育资源、前沿学术研究,以及国家环保战略方针政策,鼓励学生主动思考,并开展团队合作与交流,针对水体污染防治问题,构建陆海统筹一体化发展的生态文明大格局思想,培养学生专业责任感和科学精神。

2.教学方法

（1）启发式教学。

以应对气候变化与研究热点"蓝碳"为切入点,引导学生增强水资源保护意识;通过问题启发学生对富营养化生成条件的补充,从学生的主动思考中引出富营养化与水环境碳源汇变化的关系问题。

（2）讨论互动式。

针对蓝碳作用机制,进行分组讨论式学习,提升学生运用不同学科基础知识分析问题的能力,增强学生团队合作与交流力,同时增加学生对专业前沿知识学习的获得感与自信心。

（3）讲授法。

以问题为导向,结合最新研究结果,讲授水体富营养化影响蓝碳过程的机制,引导学生运用所学知识针对水体富营养化污染问题提出相关的防治措施,从时间和空间尺度培养学生河流—近海、人类—生态系统化科学思维。

（七）教学设计思路

本次课程为线上和线下混合式教学中的线下部分,基于BOPPPS模型采用"4M-3D"[①]适度翻转的方法进行设计,课程设计充分体现以学生为中心和成果导向,注重知识传授、

[①] 4M 分别指 My Mind Map,My self-test,My team work,以及 My questions;3D 分别指 Discussion1——组内讨论,Discussion2——组间分享;Discussion3——教师参与讨论。

能力培养和价值塑造。图1展示了"水污染原理——'泵'向江河湖海,守护蓝碳生态"课程
思政教学设计思路。

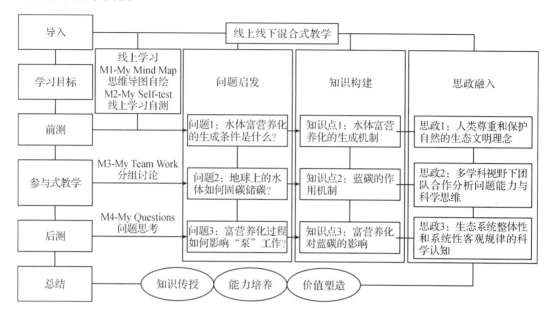

图1 "水污染原理——'泵'向江河湖海,守护蓝碳生态"课程思政教学设计思路

(八)教学过程

表3展示了"水污染原理——'泵'向江河湖海,守护蓝碳生态"课程思政教学过程。

表3 "水污染原理——'泵'向江河湖海,守护蓝碳生态"课程思政教学过程

教学环节	教学活动	思政教育目标	设计意图	教学方法	视频时长
导入	回顾水资源的重要性,从"碳中和""碳达峰""碳汇"等环境热门词汇引出"蓝碳",导入水体污染问题 陆地与海洋的碳循环简图	在最新国家环保战略政策下,增强学生对水体污染防治与水资源保护重要性的认识	思政引领,学生进入课堂环境	启发引导	1分35秒
学习目标	本次课堂的主要内容与教学目标陈述	明确本次课堂价值塑造、能力培养、知识传授三位一体的教学目标		讲授法	30秒

教学环节	教学活动	思政教育目标	设计意图	教学方法	视频时长
前测	介绍线上学习的知识框架,结合线上自测,现场答题与反馈问题1——水体富营养化是如何生成的? 有哪些条件? 同时拓展讲述富营养化的生成机制 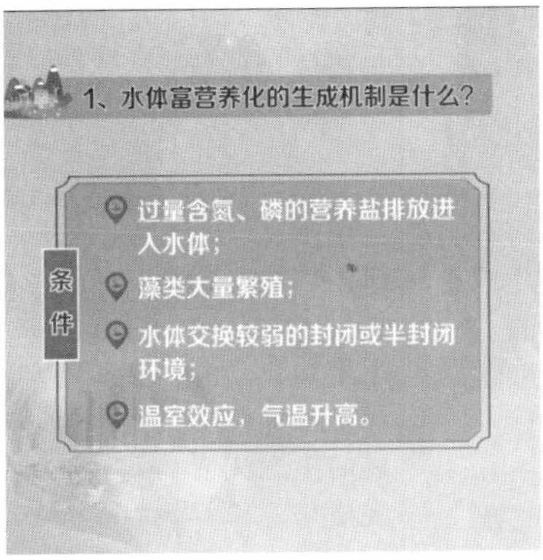 	认识人与自然耦合系统中相互作用的关系,树立人类必须尊重自然、顺应自然、保护自然的生态文明理念	分享"学习通"平台学生自主绘制的思维导图提供参考;检查线上学习效果及学生基础知识	讲授法;启发式提问	1分50秒
参与式学习	根据图示分组讨论问题2——蓝碳的作用机制是什么? 关键知识点:地球上水体的固碳储碳机制主要通过溶解度泵、碳酸盐泵、生物泵、微型生物碳泵 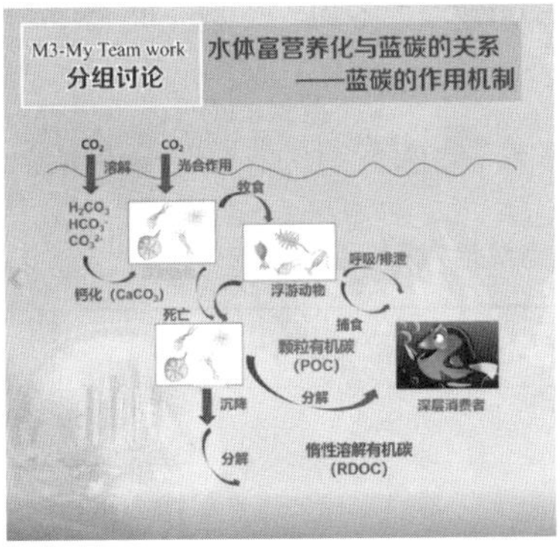 	(1)增强学生多学科视野下团队合作分析问题的能力。 (2)提高学生善于思考并提出问题的能力,增加对专业前沿知识学习的获得感与自信心	以学生为主导开展团队讨论学习,教师参与讨论和点评	参与式互动;重点知识辨析巩固	2分30秒
后测	提出问题3——富营养化如何影响"泵"工作? 结合太湖富营养化问题最新研究,阐述富营养化影响蓝碳过程的机制	尊重生态系统整体性,科学认识客观规律	通过问题启发,引导学生思考水体富营养化与蓝碳的关系;通过相关前沿学术研究,深入了解富营养化引发的水环境二氧化碳从汇到源的变化机制	启发引导;讲授法	1分10秒

续　表

教学环节	教学活动	思政教育目标	设计意图	教学方法	视频时长
总结	总结本次课程知识	从时间和空间角度培养学生的河流—近海、人类—生态系统化科学思维	梳理课堂要点,强化教学效果	讲授法	32秒
课后作业	以小组为单位,根据关键词信息解决问题4——如何应对水体富营养化问题?学生针对水体富营养化污染问题提出相应的防治措施	(1)介绍焦念志院士,引导学生构建陆海统筹一体化发展的生态文明大格局。(2)培养学生的专业责任感与使命感	从课堂核心内容延伸至课后学习及预习内容,从科学家事迹拓宽专业思想格局	启发引导、讲授法,达到高阶教学目标	1分钟

五、具体教学设计2　"土壤污染防治——绿色修复,低碳先行"课程

(一)基本信息

表4展示了"土壤污染防治——绿色修复,低碳先行"课程的基本信息。

表4　"土壤污染防治"课程基本信息

课程名称	土壤污染防治
课程性质	开课对象:环境工程、环境科学专业本科生 开课学期:大三下学期 课程性质:专业选修课
教学时数	本次课程为1学时(10分钟),本节属于第1章第2节
教学内容	土壤污染防治——绿色修复,低碳先行。 本课程将围绕污染土壤绿色可持续修复的内涵、发展历程与发展方向,启发学生在案例学习中思考未来应如何以绿色可持续的理念,开展不同污染土壤类型的修复工作。在此基础上,结合国家环境保护战略计划,帮助学生树立专业学习需紧跟专业领域国家重大方针政策的理念,并形成技术思维革新与终身学习的品质,为健康中国与可持续发展贡献自己的力量

(二)课程思政学情分析

1.学生知识学习方面

本次课程主要针对环境类专业高年级本科生。这些学生已学习过"环境化学""环境

生态学""污染控制化学"等专业课程,具备一定的土壤污染物相关知识基础,已了解环境中污染物的物理、化学、生物防治技术。然而,现有教材缺乏与研究前沿的及时更新。在国家"双碳"目标及土壤污染防治行动计划的背景下,学生对我国土壤污染防治的技术发展与理念变革认识不够,综合运用所学知识以提出土壤污染防治措施的能力仍有待提高。

2.学生学习风格与学习能力方面

高年级本科生已形成一定的学习风格,更偏向于自觉独立学习;同时,该阶段本科生专业思维较活跃,专业兴趣程度较高,乐于通过实际研究案例主动寻找问题的答案。因此,本课程利用线上、线下混合式教学,利用学生课后独立学习的能力,通过课堂内适度翻转提高学生的课堂参与度,更加注重培养学生对知识的融会贯通,以及与团队合作、沟通的能力。

3.学生思政教育基础方面

学生通过前期思想政治课程与专业课程的学习,已具备良好的职业道德水平与专业修养。本课程将专业知识传授与前沿学术研究、国家最新方针政策有机结合,旨在培养学生在未来职业道路或科研生涯中具有更加坚定的专业思维与科学素养,并富有更强的爱国情怀。

(三)教学目标

1.知识目标

通过本课程学习,学生能够理解污染土壤绿色可持续修复的内涵,熟悉我国污染土壤修复技术与理念革新的发展历程;同时,结合国家最新政策方针与研究成果,辨析未来污染土壤不同修复技术应用时的"绿色、可持续、低碳"目标。

2.能力目标

通过本课程学习,学生能够具备以"绿色、可持续、低碳"的理念,评价并选择不同污染土壤类型修复方案。

3.素养目标

通过本课程学习,学生能够在思考与提出污染土壤修复技术方案上紧跟国家重大方针政策,建立绿色可持续发展观;通过学习国家污染土壤绿色修复的发展历程与发展方向,将我国科学技术不断探索与进步的自豪感深植于心,引导学生树立护航"健康中国"行动与"双碳"目标的责任与使命感。

(四)教学重难点

1.教学重点

(1)通过研读国家最新方针政策,正确认识污染土壤绿色可持续修复的内涵。

(2)通过案例分析与分组讨论,从不同污染土壤修复技术的优缺点梳理出发,深入理解污染土壤绿色可持续修复的应用。

2.教学难点

结合建设用地污染地块修复过程碳排放情况的研究结果,理解绿色可持续修复技术中的低碳目标,进而思考未来应如何评价和提出污染土壤修复方案。

3.思政教育突破点

(1)从"培育健康土壤,支撑健康中国"及对国家土壤环境管控与污染修复的相关文件进行梳理,强化学生对土壤环境保护的意识,帮助学生树立专业学习需紧跟专业领域国家重大方针政策、服务于国家战略重大科技需求的使命担当。

(2)从案例学习及我国污染土壤修复理念与技术的发展历程着手,激发学生对国家技术革新历程与理念进步的自豪感,引导学生树立终身学习的品质,强化科学发展与技术思维需要不断学习与创新的意识。

(3)从"十四五"期间污染土壤绿色、可持续、低碳修复的内涵及最新文献资料着手,学生以辩证的思维,从经济、技术、环境、社会等角度去认识马克思主义关于人与自然的观点,并强化学生对科学技术问题的提炼与独立思考能力。

(五)教学资源

1.线上资源

国家精品课程"环境学基础"。

2.教材章节

左玉辉主编:《环境学》,高等教育出版社2010年版,第3章第4节。

3.参考资料

(1)专业资源。

a)Liu K, Fang L, Li F, et al. Sustainability assessment and carbon budget of chemical stabilization based multi-objective remediation of Cd contaminated paddy field. The Science of the Total Environment, 2021, pp.152022.

b)刘瑞平、魏楠、季国华等:《"双碳"目标下中国土壤环境管理路径研究》,《环境科学与管理》2022年第2期,第5—8页。

c)薛成杰、方战强:《土壤修复产业碳达峰碳中和路径研究》,《环境工程》2022年总第8期,第231—238页。

(2)思政资源。

a)中共中央、国务院印发的《"健康中国2030"规划纲要》。

b)《土壤污染防治行动计划》(国发〔2016〕31号)。

c)《污染地块绿色可持续修复通则》(T/CAEPI 26—2020)。

d)《关于开展第三次全国土壤普查的通知》(国发〔2022〕4号)。

(3)案例资源。

2016年常州外国语学校污染事件相关新闻报道资料。

(六)教学理念与方法

1.教学理念

（1）"新工科"教育思想。

将污染土壤修复技术与绿色可持续发展观相结合，延伸至国家"双碳"目标下污染修复过程的低碳方案，学生在树立土壤环境保护意识的同时，能够紧跟国家重大方针政策服务于国家战略重大科技需求，在提出污染土壤绿色、可持续修复方案措施上体现较强的系统性思维与技术实践创新能力。

（2）以学生为中心，面向产出。

课程通过"线上学习—线下适度翻转"的教学模式，坚持以学生为中心，引导学生进行自主学习。学生开展对典型污染地块修复案例的讨论学习，思考不同污染土壤修复技术的优缺点，从而深刻理解污染土壤绿色、可持续、低碳修复的内涵，并结合具体污染土壤类型，提出并评价绿色可持续修复技术方案。

（3）课程思政融入专业教育。

整合课程网络教育资源、前沿学术研究，以及国家环保战略方针政策，鼓励学生主动思考，并开展团队合作与交流。围绕污染土壤绿色修复理念，激发学生专业责任感和科学精神，培养学生对科学技术问题的提炼与独立思考能力，强化学生树立终身学习的品质，坚定学生跟随国家环保发展需求进行不断技术革新的信念。

2.教学方法

（1）启发式教学。

以健康中国与构建"人类命运共同体"思想为切入点，引导学生增强土壤环境保护意识；通过梳理近5年我国有关土壤环境管控与污染修复的相关政策、法规、标准，启发学生对污染土壤绿色、可持续修复理念的思考，并从有关文件标准解读中引出污染土壤绿色、可持续修复的内涵。

（2）讨论互动式。

以2016年常州外国语学校污染事件为案例，进行分组讨论式学习，增强学生理论联系实际、运用现有知识分析和解决实际问题的能力，培养学生团队合作与沟通的能力，引导学生对不同修复方案的优缺点进行思考。

（3）讲授法。

讲解中国污染土壤修复理念与技术的发展历程，激发学生对国家科技进步与发展的自豪感；同时，引导学生思考在生态文明建设与人类命运共同体构建下绿色可持续修复的低碳目标，树立专业学习需紧跟专业领域国家重大方针政策且终身学习的品质。

(七)教学设计思路

图2展示了"土壤污染防治——绿色修复，低碳先行"课程思政教学设计思路。本次课程为线上线下混合式教学中的线下部分，基于BOPPPS模型采用"4M-3D"适度翻转的方法

进行设计,课程设计充分体现以学生为中心和成果导向,注重知识传授、能力培养和价值塑造。

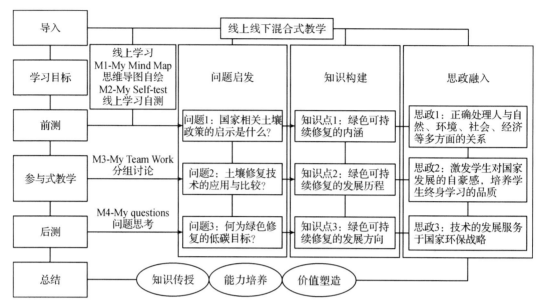

图2 "土壤污染防治——绿色修复,低碳先行"课程思政教学设计思路

(八)教学过程

表5展示了"土壤污染防治——绿色修复,低碳先行"课程思政教学过程。

表5 "土壤污染防治——绿色修复,低碳先行"课程思政教学过程

教学环节	教学活动	思政教育目标	设计意图	教学方法	视频时长
导入	从健康土壤、健康中国等土壤环境安全需求,以及2022年国家土壤普查计划,导入土壤污染问题	(1)健康中国与土壤环境保护的关系。(2)构建人类命运共同体思想与专业责任感	思政引领,学生进入课堂环境	启发引导	1分25秒
学习目标	本次课堂的主要内容与教学目标陈述	明确本次课堂价值塑造、能力培养、知识传授三位一体的教学目标		讲授法	25秒

教学环节	教学活动	思政教育目标	设计意图	教学方法	视频时长
前测	介绍线上学习的知识框架,结合线上自测与课前有关土壤环境管控的政策文件梳理,现场答题与反馈问题——国家有关土壤的政策有何启示?引出绿色可持续修复的内涵 （图：污染土壤绿色可持续性修复的内涵）	(1)生态文明建设与人类命运共同体构建需求下,土壤保护工作应紧跟国家重大方针政策。 (2)树立绿色可持续发展观	分享"学习通"平台学生自主绘制的思维导图;检查线上学习效果及学生基础知识掌握情况	讲授法;启发式提问	1分35秒
参与式学习	以常州外国语学校污染事件为案例,进行分组讨论式学习,理论联系实际,提出不同的修复方案,思考是否应用绿色可持续的修复理念,引出我国绿色修复的发展历程 （图：案例讨论——绿色可持续性修复的应用） （图：绿色可持续性修复的发展历程及方向）	(1)培养学生运用所学知识分析和解决问题的能力。 (2)培养学生团队合作与沟通能力。 (3)对国家技术理念发展的认识激发学生国家自豪感	以学生为主导开展团队讨论学习,教师参与讨论、点评	参与式互动;重点知识辨析巩固	2分50秒
后测	问题思考:何为绿色可持续修复的低碳目标?测验知识掌握情况。通过研究资料,对比不同修复技术在修复过程中的碳排放情况 （图：问题思考 何为绿色可持续修复技术的低碳目标? 工业建设用地修复部分技术案例碳排放对比）	(1)培养学生知识的综合应用与分析能力。 (2)强化学生终身学习的品质	通过问题启发引导学生思考污染土壤修复过程的碳排放问题,结合相关前沿学术研究,深入了解不同修复技术过程的碳排放情况,理解绿色可持续修复技术的低碳目标	启发引导;讲授法	1分20秒

教学环节	教学活动	思政教育目标	设计意图	教学方法	视频时长
总结	总结本次课程知识	帮助学生树立污染土壤的绿色、可持续、低碳修复的理念	梳理课堂要点,强化教学效果	讲授法	40秒
课后作业	以小组为单位,根据关键词收集资料,并研读最新土壤修复标准,使学生能够以绿色可持续的理念,评价并选择不同污染土壤类型修复方案	(1)技术的发展与应用服务于国家环保战略需求。 (2)培养学生的专业责任感与使命担当	从课堂核心内容延伸至课后学习及预习内容,从最新研究案例中拓宽技术发展学习视野	启发引导、讲授法,达到高阶教学目标	45秒

六、具体教学设计 3 "固体废物污染——见'微'知著,'塑'战'塑'决"课程

(一)基本信息

表6展示了"固体废物污染——见'微'知著,'塑'战'塑'决"课程的基本信息。

表6 "固体废物污染——见'微'知著,'塑'战'塑'决"课程基本信息

课程名称	固体废物污染
课程性质	开课对象:环境工程、环境科学专业本科生 开课学期:大三下学期 课程性质:专业选修课
教学时数	本次课程为1学时(8分钟),本节属于第4章第2节
教学内容	固体废物污染——见"微"知著,"塑"战"塑"决。 本课程以新冠疫情背景下口罩的使用为切入点,介绍塑料废弃物污染途径与危害;同时,结合环境领域热点研究——微塑料,引导学生思考未来应如何基于塑料生命周期提出绿色、经济、高效的塑料废物管控方法;关注社会和研究热点,培养学生对科学研究的兴趣,牢固树立环境保护意识

(二)课程思政学情分析

1.学生知识学习方面

本次课程主要针对环境类专业高年级本科生。这些学生已学习过"环境化学""固体

废物处理与处置"等专业课程,具备一定的固体废物污染相关知识基础。然而,现有教材缺乏对研究前沿、社会热点的及时更新。在当前新冠疫情与国家禁塑政策的背景下,学生在思考应对生活塑料垃圾、处理疫情中使用过的废弃口罩等问题时,对其在环境中的传输途径及危害等的系统性认识仍不够,仍需提高综合运用所学知识来提出塑料废弃物处理处置与管控措施的能力。

2.学生学习风格与学习能力方面

高年级本科生已形成一定的学习风格,更偏向于自觉独立学习;同时,该阶段本科生专业思维较活跃,专业兴趣程度较高,乐于通过实际研究案例主动寻找问题的答案。因此,本课程采用线上线下混合式教学方式,利用学生课后独立学习的能力,通过课堂内适度翻转提高学生的课堂参与度,更加注重培养学生对知识的融会贯通,以及与团队合作、沟通的能力。

3.学生思政教育基础方面

学生通过前期思想政治课程与专业课程的学习,已具备良好的职业道德水平与专业修养。本课程通过将专业知识传授与前沿学术研究、国家最新方针政策有机结合,旨在培养学生在未来职业道路或科研生涯中所需要的专业思维与科学素养,并使学生富有更强的爱国情怀。

(三)教学目标

1.知识目标

通过本课程学习,学生能够掌握以塑料废弃物为例的固体废物在环境中的污染途径,结合研究热点——微塑料,明晰环境中塑料/微塑料污染的危害性。

2.能力目标

通过本课程学习,学生具备基于塑料生命周期,提出面向未来的塑料废弃物处理可持续处置与管理控制措施的能力。

3.素养目标

通过本课程学习,学生能够认识新冠疫情之下,正确处理生活口罩等塑料废弃物的重要性,建立战"疫"中环保人的责任与担当;通过学习专业资料与文献,学生应养成关注社会与研究热点的习惯,提高从事环境科学领域研究的兴趣。

(四)教学重难点

1.教学重点

掌握塑料作为典型固体废弃物的环境输移途径,围绕最新研究热点"微塑料",使学生理解环境中塑料/微塑料进入生物体的途径。

2.教学难点

结合微塑料理化性质,理解环境中微塑料的生态风险,并思考塑料/微塑料处理处置与管控面临的系列问题与挑战。

3.思政教育突破点

（1）基于新冠疫情的社会背景，联系生活中密切接触的口罩，引导学生树立疫情时期环保人的责任感与使命感。

（2）从塑料作为典型固体废弃物的环境输移途径着手，培养学生观察、分析判断、知识综合运用的能力，同时树立保护环境的责任心。

（3）从环境领域研究热点——微塑料的污染与危害，培养学生关注社会与研究热点，揭示塑料问题的严峻性，从人类—环境—生态系统化思维的角度增强学生从事环境科学领域研究的兴趣。同时，引导学生思考中国所面临的塑料/微塑料源头治理、健康风险等一系列的机遇与挑战。

（五）教学资源

1.线上资源

国家精品课程"环境学基础"。

2.教材章节

左玉辉主编：《环境学》，高等教育出版社2010年版，第4章第2节。

3.参考资料

（1）专业资源。

a)Mehnaz Shams, Iftaykhairul Alam, Shahriar Mahbub. Plastic pollution during COVID-19: plastic waste directives and its long-term impact on the environment. Environmental Advances, 2021, pp.100-119.

b)Abhimanyu R. Shekhar, Arvind Kumar, Ravuri Syamsai. Is the plastic pandemic a greater threat to humankind than COVID-19? ACS Sustainable Chemistry & Engineering, 2022, pp.3150-3154.

c)Okeke E. Sunday, Okoye C. Obinwanne, Atakpa E. Okokon, et al. Microplastics in agroecosystems-impacts on ecosystem functions and food chain. Resources, Conservation & Recycling, 2022.

（2）思政资源。

a)中华人民共和国生态环境部，"打赢疫情防控阻击战 生态环保铁军在行动"专题专栏。

b)国家发展改革委、生态环境部《关于印发〈"十四五"塑料污染治理行动方案的通知〉》。

（3）案例资源。

a)Amato-Lourenço L F, Carvalho-Oliveira R, Júnior G. R, et al. Presence of airborne microplastics in human lung tissue. Journal of Hazardous Materials, 2021, pp.126124.

b)Na Zhang, Yibin Li, Hai Rong He, et al. You are what you eat: microplastics in the feces of young men living in Beijing. The Science of the Total Environment, 2021, pp.144345.

（六）教学理念与方法

1.教学理念

（1）"新工科"教育思想。

将新冠疫情下一次性口罩、外卖快餐盒等塑料的使用与环境中塑料废弃物问题相结合，帮助学生树立疫情时期环保人的责任与担当，应用所学知识服务于综合分析塑料在环境中的污染途径与危害，在对塑料废弃物的处理处置与管理上体现较强的系统性思维与技术实践创新能力。

（2）以学生为中心，面向产出。

课程通过"线上学习—线下适度翻转"的教学模式，坚持以学生为中心，引导学生进行自主学习。学生对环境中微塑料进入人体的机制进行讨论学习，思考微塑料的环境生态风险，针对生活中塑料废弃物引起的环境问题提出解决方案。

（3）课程思政融入专业教育。

课程整合网络教育资源、前沿学术研究，以及国家环保战略方针政策，鼓励学生主动思考，并开展团队合作与交流，针对环境塑料/微塑料污染问题，建立面向地球和人类健康的可持续发展观，培养学生树立疫情时代环保人的专业责任感和科学精神。

2.教学方法

（1）启发式教学。

从新冠疫情之下口罩使用后的处理处置、"看得见"的塑料与"看不见"的塑料切入，增强学生对塑料废弃物的环境问题意识。

（2）讨论互动式。

针对塑料/微塑料进入环境及人体的途径，进行问题回答反馈与分组讨论，培养学生运用现有知识来分析和解决实际问题的能力，培养学生的团队合作与沟通能力。

（3）讲授法。

围绕塑料/微塑料的危害性，揭示塑料问题带来的生态问题的严峻性，引导学生思考中国所面临的塑料/微塑料源头治理、健康风险等一系列的机遇与挑战，从而激发学生在其专业领域不断探索研究的兴趣。

（七）教学设计思路

图3展示了"固体废物污染——见'微'知著，'塑'战'塑'决"课程思政教学设计思路。本次课程为线上线下混合式教学中的线下部分，基于BOPPPS模型采用"4M-3D"适度翻转的方法进行设计，充分体现以学生为中心和以成果为导向，注重知识传授、能力培养和价值塑造。

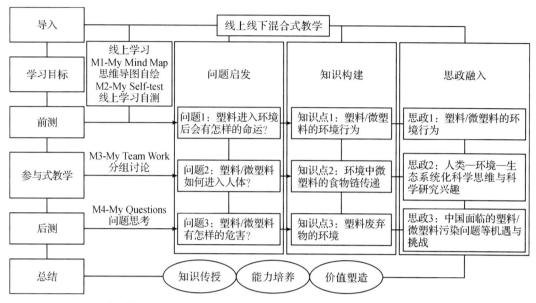

图3 "固体废物污染——见'微'知著,'塑'战'塑'决"课程思政教学设计思路

（八）教学过程

表7展示了"固体废物污染——见'微'知著,'塑'战'塑'决"课程思政教学过程。

表7 "固体废物污染——见'微'知著,'塑'战'塑'决"课程思政教学过程

教学环节	教学活动	思政教育目标	设计意图	教学方法	视频时长
导入	从塑料的使用、新冠疫情口罩与手套的使用,导入塑料废弃物问题	（1）促使学生善于从生活实际问题中发现环境问题,提高环保意识。（2）培养学生作为战"疫"环保人的责任与担当	思政引领学生进入课堂环境	启发引导	1分12秒
学习目标	陈述本次课堂的主要内容与教学目标	明确本次课堂的价值观塑造、能力培养、知识传授三位一体的教学目标		讲授法	25秒

教学环节	教学活动	思政教育目标	设计意图	教学方法	视频时长
前测	介绍线上学习的知识框架,结合线上自测,现场答题与反馈问题1——塑料进入环境后会有怎样的命运?引出塑料废弃物的环境影响途径;通过"看得见"和"看不见"的塑料,引出热点研究问题——微塑料	(1)培养学生观察、分析判断、知识综合运用的能力。 (2)促使学生关注社会与研究热点	分享"学习通"平台学生自主绘制的思维导图;检查学生线上学习效果及基础知识掌握情况	讲授法;启发式提问	1分30秒
参与式学习	以人体中检测出微塑料的研究案例,进行分组讨论式学习,思考问题2——塑料/微塑料如何进入人体?	(1)培养人类—环境—生态系统化科学思维与科研兴趣。 (2)培养团队合作与沟通能力	以学生为主导开展团队讨论学习,教师参与讨论与点评	参与式互动;重点知识辨析巩固	1分45秒
后测	通过讲授微塑料在生态系统的食物链传递,以及其生态危害性,引导学生思考问题3——固体废弃物到底是污染物还是污染?以测验学生对知识的掌握情况	(1)培养知识的综合应用与分析能力。 (2)培养对科学问题的辩证思维	教师通过分析相关研究结果,让学生深入理解微塑料的生态风险,并以问题启发引导学生思考固体废弃物的环境污染问题	启发引导;讲授法	1分

续 表

教学环节	教学活动	思政教育目标	设计意图	教学方法	视频时长
总结	总结本次课程知识:以一次性口罩为例,总结塑料废弃物在环境中的传输途径与危害	促使学生深刻认识到中国所面临的塑料/微塑料源头治理、健康风险等一系列的机遇与挑战,不断激发学生的专业思维与自信	梳理课堂要点,强化教学效果	讲授法	30秒
课后作业	以小组为单位,根据关键词收集资料,思考问题4——如何应对生活中的塑料废弃物?并要求学生能够基于塑料生命周期理念提出处理处置与管理控制塑料的措施	(1)培养地球与人类健康需求下的专业责任感与使命感。 (2)牢固树立可持续发展观	从课堂核心内容延伸至课后学习及预习内容,从可持续发展的理念中拓宽学生对塑料废弃物处理处置与管理控制的思维	启发引导、讲授法,达到高阶教学目标	1分

"高级语言程序设计"课程思政微课设计

刘文强[①]

一、基本信息

表1展示了"高级语言程序设计"课程的基本信息。

表1 "高级语言程序设计"课程基本信息

课程名称	高级语言程序设计		
课程性质	专业课程	授课对象	本科生一年级
微课章节名称 （3个）	（1）循环嵌套之杨辉三角形	（2）结构体数组之活动安排问题	（3）链表之约瑟夫环问题

二、教学设计

(一)切入课程思政的课程知识点

课程知识点1：循环嵌套之杨辉三角形。

本知识点主要讲授如何用嵌套for循环编程求解输出杨辉三角形。杨辉三角形是如图1所示的三角形数表。

```
                    1
                  1   1
                1   2   1
              1   3   3   1
            1   4   6   4   1
          1   5  10  10   5   1
        1   6  15  20  15   6   1
      1   7  21  35  35  21   7   1
    1   8  28  56  70  56  28   8   1
  1   9  36  84 126 126  84  36   9   1
```

图1 杨辉三角形

① 刘文强,浙江工商大学信息与电子工程学院副教授。

在编程求解打印输出时,可以先将上述三角形的每一行都按左端对齐,如图2所示。然后当我们求出每一行数据后,用空格控制输出格式即可。

```
1
1  1
1  2  1
1  3  3  1
1  4  6  4  1
1  5  10  10  5  1
1  6  15  20  15  6  1
1  7  21  35  35  21  7  1
1  8  28  56  70  56  28  8  1
1  9  36  84  126  126  84  36  9  1
```

图2　左对齐后的杨辉三角形

可看到左对齐后的杨辉三角形具有以下3个特点:

(1)第1行有1个元素,第2行有2个元素,依此类推,第10行有10个元素。若用i来表示当前行,则第i行有i个元素。

(2)每一行的第1个元素和最后一个元素都是1,而最后一个元素正好处于主对角线位置上。所以若用i来表示当前行,则有第i行第1列元素和第i行第i列元素都是1。

(3)除了数值1外,其余每个数值都满足一个规律:每个数值都等于上一行中同一列和前一列的2个元素之和。若用二维数组a来保存杨辉三角形中的数据,则当前数组元素a_{ij}满足$a_{ij}=a_{i-1,j-1}+a_{i-1,j}$。

基于上述分析,我们给出求解输出杨辉三角形的C程序。

课程知识点2:结构体数组之活动安排问题。

本知识点主要讲授如何用结构体数组编程求解活动安排问题。活动安排问题是:设S={1,2,…,n},是n个活动的集合,这n个活动要使用同一个会场,其中活动j的开始时间为s_j,结束时间为f_j。对于给定的任意2个活动i和k来说,如果$s_k \geq f_i$或者$s_i \geq f_k$,则称活动i与活动k是不冲突的。活动安排问题要求的是:集合S的一个子集A,满足A中任意2个活动都不冲突,而且A中活动的数目是最多的条件。

经过分析可知,活动安排问题的最优选择方案是,按照各个活动的结束时间从早到晚的次序来逐一考虑各个活动,即早结束的活动优先做安排,只要当前活动能与之前安排的活动不冲突,就安排当前的活动。

用active这个结构体类型来表示活动的数据类型。它包含3个成员,用变量num来表示活动的编号,用变量s来表示活动的开始时间,再用变量f来表示活动的结束时间。

```
struct active{
int num;
int s;
int f;
```

};

这样,n个活动就可以用一个结构体数组来保存。

基于上述分析,我们给出求解活动安排问题的C程序。

课程知识点3:链表之约瑟夫环问题。

本知识点主要讲授如何用循环链表编程求解约瑟夫环问题。约瑟夫环问题是:编号为$1,2,\cdots,n$的n个人围坐一圈,编号为1的开始从1报数,报到m的那个人出圈,出圈人的下一位重新从1开始报数,报到m的那个人又出圈。如此循环,直到所有人都出圈为止,要求的是出圈人员的编号序列。

用循环链表来表示n个人构成的圆圈,从第1个结点开始向后查找当前的第m个结点,找到后令其出圈,将其从链表中删除即可;然后下一个人重新从1开始报数,数到m的那个人再出圈。这就相当于从下一个结点开始继续查找当前的第m个结点,找到后,再将其删除。重复这个过程,当所有结点都被删除时,就得到了出圈人员的编号序列。因此,求解方法就是不断地对循环链表进行查找和删除操作。

基于上述分析,我们给出求解约瑟夫环问题的C程序。

(二)思政教育的课程目标

(1)介绍杨辉三角形的由来,增强学生的民族自豪感和国家认同感;通过在活动安排问题中介绍杰出校友,激发学生以校友为榜样,刻苦钻研,努力学习,学有所成以回报社会、造福人民,使自己成为别人的榜样!通过引入约瑟夫环问题,引导学生做人做事要讲诚信,自觉践行社会主义核心价值观。

(2)在编程求解杨辉三角形时,引导学生要善于观察归纳,发现规律,并利用规律,引导学生在编程时注意细节,养成严谨、细致、有条理的好习惯,培养自己的工匠精神;在设计活动安排问题的求解程序时,指出我们国家在实现共同富裕的道路上,56个民族一个都不能少,一个都不能落下;56个民族是一个有机整体,要共同享有富裕成果,这充分体现了中国社会主义制度的优越性。在编写程序时,提醒学生注意代码书写的规范性,用适当的空格缩进体现程序的层次感,潜移默化地培养自己规范性和科学性的学术素养;在设计约瑟夫环问题的求解程序中,引导学生在思考问题时要从全局出发,不能目光短浅,只顾眼前,要有大局观。

(3)介绍杨辉三角形、活动安排问题和约瑟夫环问题的引申应用,引导学生在学习过程中举一反三,发散思维,学以致用、学有所用、学用结合,培养自己善于分析、不畏艰难、勇于创新的科学精神,立志为国家的科技发展和社会进步做贡献。

三、特色及创新

1.思政要素覆盖面广

设计3的微课教学内容包含了丰富的课程思政元素:

(1)民族自豪感和国家认同;

(2)"榜样"的力量;

(3)讲诚信,自觉践行社会主义核心价值观;

(4)善于观察归纳,发现规律,并利用规律;

(5)养成严谨、细致、有条理的好习惯,培养自己的工匠精神;

(6)中国社会主义制度的优越性;

(7)培养自己规范和科学的学术素养;

(8)从全局出发,不能目光短浅、只顾眼前,要有大局观;

(9)举一反三,发散思维,学以致用、学有所用、学用结合;

(10)培养善于分析、不畏艰难、勇于创新的科学精神;

(11)立志为国家的科技发展和社会进步做贡献。

这些思政元素都与授课内容无缝衔接,自然融入,容易引起学生共鸣,达到良好的教学效果。

2.教学设计新颖独特

每个微课教学内容都遵循"问题导入—问题求解—应用拓展"3个主要流程,从我国古代数学的发展、校庆活动和约瑟夫经历的历史事件等3个方面来引出3个教学内容,从一开始就能吸引学生的注意力,激发学生的学习兴趣。每个微课都设置了应用拓展环节,给出具体应用场景:一方面拓展了学生的知识面;另一方面,让学生知道学有所用,更能激发学生的学习热情。

3.讲解过程逻辑性强

每个微课的讲课过程都具有很强的逻辑性,从求解方法的分析到求解算法的设计,讲解流畅,环环相扣,符合学生的认知规律。在处理难点问题时,精心制作了大量的动画,通过动画展示如庖丁解牛般将难点一一化解,使学生更容易理解。

四、具体教学设计1 "循环嵌套之杨辉三角形"课程

(一)教学目标

1.知识目标

(1)掌握杨辉三角形中数值的计算方法。

(2)掌握嵌套for循环的使用方法。

(3)掌握二维图形的输出方法。

2.思政目标

(1)介绍杨辉三角形的由来,增强学生的民族自豪感和国家认同感。

(2)分析杨辉三角形的特点,引导学生在解决问题时要善于观察归纳,发现规律,并利用规律。

（3）在设计程序时,引导学生在编程时要注意细节,养成严谨、细致、有条理的好习惯,培养自己的工匠精神。

（4）通过介绍杨辉三角形的应用,鼓励学生学以致用、学有所用、学用结合,培养自己综合解决应用问题的能力和勇于创新的科学精神。

(二)教学设计

表2展示了"循环嵌套之杨辉三角形"课程思政教学过程设计。

表2 "循环嵌套之杨辉三角形"课程思政教学过程设计

教学环节	教学过程	课程思政
问题导入	史料记载,杨辉三角形,又叫贾宪三角形,是一个三角形数表,如下所示。它最早由我国古代北宋人贾宪在约1050年所著的书籍《释锁算术》中提出,后来南宋数学家杭州人杨辉,在他于1261年所著的《详解九章算法》一书中,辑录了这个三角形数表,并进行了详细说明。在欧洲,帕斯卡(1623—1662)于1654年发现这个三角形数表,所以杨辉三角形也被称作帕斯卡三角形。但帕斯卡的发现比杨辉迟393年,比贾宪迟600多年 　　　　　　　　1 　　　　　　　1　1 　　　　　　1　2　1 　　　　　1　3　3　1 　　　　1　4　6　4　1 　　　1　5　10　10　5　1 　　1　6　15　20　15　6　1 　1　7　21　35　35　21　7　1 1　8　28　56　70　56　28　8　1 1　9　36　84　126　126　84　36　9　1	我国古代数学的成就是非常令人骄傲的。 其实,值得我们骄傲的何止数学成就,我国古代的四大发明——造纸术、指南针、火药和活字印刷术更是对世界政治、经济、文化的发展产生了巨大的推动作用,为人类文明的进步贡献了中国智慧。引导学生努力学好编程,练就过硬本领,将来在信息技术领域也能做引领者
问题分析	要编程求解打印输出上述杨辉三角形,可以先将上述三角形的每一行都按左端对齐,如下所示。然后当我们求出每一行数据后,用空格控制输出格式即可。 1 1　1 1　2　1 1　3　3　1 1　4　6　4　1 1　5　10　10　5　1 1　6　15　20　15　6　1 1　7　21　35　35　21　7　1 1　8　28　56　70　56　28　8　1 1　9　36　84　126　126　84　36　9　1 仔细观察后,我们可以归纳出杨辉三角形的3个特点: (1)第1行有1个元素,第2行有2个元素,依此类推,第10行有10个元素。若用i来表示当前行,则第i行有i个元素。	学生在解决问题时,要善于观察归纳,发现规律,并利用规律

教学环节	教学过程	课程思政
问题分析	(2)每一行的第1个元素和最后一个元素都是1,而最后一个元素正好处于主对角线位置上。所以若用i来表示当前行,则有第i行第1列元素和第i行第i列元素都是1。 (3)除了数值1外,其余每个数值都满足一个规律,那就是:每个数值都等于上一行中同一列和前一列的2个元素之和。若用二维数组a来保存杨辉三角形中的数据,则当前数组元素a_{ij}满足$a_{ij} = a_{i-1j-1} + a_{i-1j}$	学生在解决问题时,要善于观察归纳,发现规律,并利用规律
编程求解	首先定义变量,定义一个二维整型数组a来保存要输出的10行10列杨辉三角形中的数据,且约定数组的下标从1开始存储,用a_{11}来存储第1行第1列元素,用a_{21}来存储第2行第1列元素,依此类推。再定义2个整型变量i和j,作为循环控制变量 本题不需要输入数据,下面是处理数据。首先我们进行预处理,将第i行的第1个元素和第i行的第i个元素都初始化为1,显然变量i的范围是$1 \leq i \leq 10$。下面就以i为循环控制变量,在1—10范围内穷举出每一行,语句就是for(i=1;i<=10;i++),循环体里要做的就是将第i行的第1个元素和第i行的第i个元素都初始化为1,即将a_{i1}赋值为1,再将a_{ii}赋值为1,这2条语句要用一对花括号括起来。 然后我们根据杨辉三角形中除了1之外的那些数值满足的关系式$a_{ij}=a_{i-1j-1}+a_{i-1j}$来求其他数值。那么其他数值$a_{ij}$的行下标$i$和列下标$j$的范围是多少呢?显然行下标的范围是除了前2行之外的所有行,因此$3 \leq i \leq 10$。对于主对角线上的元素来说,它的列下标j恰好等于它的行下标i,而对于主对角线以下的左下三角元素来说,它的列下标j必然小于它的行下标i,而列下标j的初值显然为2,所以列下标j的范围就是$2 \leq j < i$。 下面就以i为循环控制变量,在3—10范围内穷举出每一行,语句就是for(i=3;i<=10;i++),再以j为循环控制变量,在2到i范围内穷举出每一列,语句就是for(j=2;j<i;j++),循环体里要做的就是求解当前a_{ij}的值,显然只需要令$a_{ij}=a_{i-1j-1}+a_{i-1j}$即可。当嵌套for循环结束时,就求出了所有其他数值。这样就求得了左对齐的杨辉三角形中的所有数据。 最后需要打印输出杨辉三角形,它共有10行,且第i行有i个元素。若用i来控制行,则$1 \leq i \leq 10$。下面就以i为循环控制变量,在1—10范围内穷举出每一行,语句就是for(i=1;i<=10;i++),循环体内要做的就是输出第i行数据。为了得到最初的等腰三角形形式,每一行需要先输出若干个空格,仍用for循环来输出,语句如下:for(j=1;j<=n-i;j++)。 printf(" "),接下来需要输出第i行的具体数值,由于第i行有i个元素,所以若用j来控制列,则有$1 \leq j \leq i$。 下面以j为循环控制变量,在1—i范围内穷举出每一列,语句就是for(j=1;j<=i;j++),循环体里要做的就是输出当前的第i行第j列元素a_{ij},当j循环结束时,就输出了第i行的所有元素,这时还需输出一个换行,然后程序流程返回到i循环,执行i++,继续输出下一行数据,所以要用一对花括号将这些语句括起来。当嵌套for循环结束时,就输出了10行等腰形式的杨辉三角形	定义数组时用到的方括号,以及语句中的逗号、分号和后面用到的花括号等符号都应为英文半角符号,不能写成中文全角符号,否则无法通过编译。我们在编程时一定要注意细节,养成严谨、细致、有条理的好习惯,这也是工匠精神的一部分

教学环节	教学过程	课程思政
应用拓展	杨辉三角形可应用于求解许多复杂问题,相关学者已经对此进行了研究,如下所示。 **杨辉三角形在弹球游戏中的应用** **杨辉三角形与热力学自由能** **利用杨辉三角形对称性推导高阶运动微分方程** **多元杨辉三角形的母函数及其应用**	学生在学习过程中要做到学以致用、学有所用、学用结合,培养解决综合应用问题的能力和勇于创新的科学精神

(三)教学反思

1.成功之处

(1)问题导入方式新颖。

本课程知识点是用嵌套循环编程求解杨辉三角形,通过杨辉三角形的发展历史来引入问题,水到渠成,拓展了学生的知识面,加深了学生对我国古代数学的认识,使学生充分认识到计算机程序的强大功能和可应用性。

(2)讲解透彻详细。

本知识点遵循"问题导入—问题分析—编程求解—应用拓展"4个步骤展开讲解,逻辑思路清晰,目标明确,层层深入,环环相扣,易于学生理解和掌握。

(3)思政融入自然。

本知识点共融入思政要素4处,问题导入环节通过介绍杨辉三角形的发展历史,自然而然地引起学生共鸣,增强了学生的民族自豪感。同时,给学生提出目标,即要努力学好编程,练就过硬本领,将来在信息技术领域也做引领者!在问题分析时,通过观察归纳出杨辉三角形的3个特点,自然引出要善于观察归纳,发现规律,并利用规律的思政要素;在编程求解时,通过阐述中英文符号不要大意弄错,自然引出要注意细节,养成严谨、细致、有条理的好习惯的思政要素;在应用拓展时,通过杨辉三角形的3个应用实例,自然引出学以致用、学有所用、学用结合,培养自己解决综合应用问题的能力和勇于创新的科学精神的思政要素。

2.存在的问题及反思

(1)由于微课时间限制,对于杨辉三角形的性质没有做过多介绍,很多性质也都可以通过编程方式来验证。解决方法是:可以通过翻转课堂形式,提供线上资源给学生。

(2)知识点中所蕴含的思政要素还有待进一步深入挖掘。比如,如果在机房授课,那么在程序调试过程中可以培养学生的逻辑思维能力和严谨的做事态度。

五、具体教学设计2 "结构体数组之活动安排问题"课程

(一)教学目标

1.知识目标

(1)理解活动安排问题的最佳选择方式。

(2)掌握结构体数组的使用方法和按某个成员排序的方法。

(3)掌握活动安排问题的程序设计思路和具体程序。

2.思政目标

(1)介绍杰出校友,鼓励学生努力学习、刻苦钻研,使自己也能成为别人的榜样。

(2)介绍结构体类型的各个成员是一个有机整体,缺一不可,引出我们国家在实现共同富裕的道路上,56个民族一个都不能少、一个都不能落下;56个民族是一个有机整体,要

共同享有富裕成果,增强学生对中国社会主义制度优越性的认知。

（3）在编写程序时,要提醒学生注意代码书写的规范性,用适当的空格缩进体现程序的层次感,潜移默化地培养自己规范和科学的学术素养。

（4）在应用拓展中,引导学生举一反三、发散思维,培养善于分析、不畏艰难的科学精神。

（二）教学设计

表3展示了"结构体数组之活动安排问题"课程思政教学过程设计。

表3 "结构体数组之活动安排问题"课程思政教学过程设计

教学环节	教学过程	课程思政	教学方法
问题导入	2021年11月28日,浙江工商大学建校110周年庆祝大会在文体中心隆重举行。110年来,学校教师不忘初心,牢记教书育人使命,培养了一大批优秀人才,如中国科学院院士、南京大学地球科学与工程学院教授沈树忠,江苏省委副书记、省长许昆林,贝因美集团董事长谢宏,等等,都是校友中的杰出代表。 校庆期间,活动有很多。一位教师专门负责安排要在文体中心举办的各种庆祝活动。每项活动都有开始时间和结束时间,为了尽可能高效地使用文体中心,他就想如何在同一天递交申请的活动中进行筛选,使得被安排的活动数目达到最多呢? 这就是今天我们要学习的内容——结构体数组的典型应用,又称为活动安排问题	我们要以这些校友为榜样,刻苦钻研,努力学习,将来学有所成回报社会、造福人民,使自己成为榜样	PPT展示
问题描述	设S={1,2,…,n}是n个活动的集合,这n个活动要使用同一个会场,其中活动j的开始时间为s_j,结束时间为f_j。对于给定的任意2个活动i和k来说,如果$s_k \geq f_i$或者$s_i \geq f_k$,则称活动i与活动k是不冲突的。活动安排问题要求:集合S的一个子集A,满足A中任意2个活动都不冲突,而且A中活动的数目是最多的条件		PPT展示
求解策略分析	那么应该按照什么方式来选择活动才能得到最优解呢?或者说应该按照什么方式来选择下一个活动,才能既保证安排了一个活动,又留下了更多时间去安排其他活动呢?答案是优先安排早结束的活动,即按照各个活动的结束时间从早到晚的次序来逐一考虑各个活动,只要当前活动能与之前安排的活动不冲突,就安排当前活动		PPT展示＋实例印证

续　表

教学环节	教学过程	课程思政	教学方法

求解函数设计(一)	我们用active这个结构体类型来表示活动的数据类型,它包含3个成员,用变量num来表示活动的编号,用变量s来表示活动的开始时间,再用变量f来表示活动的结束时间。
	struct active{
	　　int num;
	　　int s;
	　　int f;
	};
	这3个成员构成一个有机整体,缺一不可。
	这样,n个活动就可以用一个结构体数组a来保存(struct active a[100];),用a_1来存储最初活动1的信息,$a_{1.num}$就是活动1的编号,它的值就是1,$a_{1,s}$就是活动1的开始时间,$a_{1,f}$就是活动1的结束时间,依此类推
		我们国家在实现共同富裕的道路上,56个民族一个都不能少;56个民族是一个有机整体,要共同享有富裕成果,这充分体现了中国社会主义制度的优越性	PPT展示

求解函数设计(二)	首先将这n个活动按照结束时间以递增的次序排序,用已经写好的bubbleSort函数来完成,当函数执行完毕时,a_1中存储的就是结束时间最早的活动,a_n中存储的就是结束时间最晚的活动。接下来,就可以按照从1到n的顺序来逐一考察各个活动了		PPT展示
求解函数设计(三)	首先选择结束时间最早的是a_1中的活动,这必然是可行的,因为现在只有一个活动,肯定不冲突。选择a_1中的活动,就要输出a_1中活动的编号$a_{1.num}$的值。接下来用变量k来记录刚刚被选择的活动在数组a中的下标,显然k应为1,k=1。接下来依次考察a_2到a_n中的活动,用一个for循环来处理,for(i=2;i<=n;i++)。循环体里要做的就是考察当前结束时间最早的a_i中的活动,看它是否与之前选择的活动a_k不冲突,这需要判断a_i中活动的开始时间是否大于等于a_k中活动的结束时间,if($a_{i,s}>=a_{k,f}$),则说明a_i中的活动与之前选择的活动a_k不冲突,那么就选择a_i中的活动,输出a_i中活动的编号$a_{i.num}$的值,同时更新变量k的值,令k=i。如果if条件不成立,则说明这2个活动冲突,冲突的话就不选择,进行下一次for循环,继续考察当前结束时间最早的活动。 当for循环结束时,就按照结束时间从小到大的顺序考察了每一个活动,输出了被安排的活动的编号	同学们在编写程序时要注意代码书写的规范性,用适当的空格缩进体现程序的层次感,潜移默化地培养自己规范性和科学性的学术素养	PPT展示
应用拓展	活动安排模型是一个经典的问题模型,利用它的求解算法可以解决许多复杂问题。例如,在我们浙江省大学生程序设计竞赛中曾有这样一道题目,名为"海岸雷达监控"。 为了有效地监控我国南海各岛屿,海军某部决定部署专门的雷达来进行监控。现在我们在一个直角坐标系中考虑这个问题,如下图示。	学习过程中能够举一反三,发散思维,培养自己善于分析、不畏艰难的科学精神	PPT展示

教学环节	教学过程	课程思政	教学方法
应用拓展	假设海岸线为 x 轴，x 轴上方表示海，下方表示陆地。现在海军某部决定在海岸线上部署一些雷达，每个雷达能够覆盖半径为 d 的圆形区域，当且仅当它和某个雷达之间的距离小于或等于 d 海洋中的一个岛屿能够被雷达覆盖到。给定海洋中各个岛屿的位置坐标 (x,y) 和雷达的覆盖半径 d，海军某部总指挥想知道最少要部署多少个雷达才能监控到所有岛屿。你能否使用编程解决这个问题呢？	学习过程中能够举一反三，发散思维，培养自己善于分析、不畏艰难的科学精神	PPT展示

(三)教学反思

1.成功之处

(1)问题导入方式新颖。

本知识点是用结构体数组编程求解活动安排问题。从校庆期间要安排很多活动引入问题，水到渠成，使学生充分认识到计算机程序功能的强大和可应用性。

(2)讲解透彻详细。

本知识点遵循"问题导入—问题描述—求解策略分析—求解函数设计—应用拓展"5个步骤展开讲解，逻辑思路清晰，目标明确，层层深入，环环相扣，易于学生理解和掌握。

(3)思政融入自然。

本知识点共融入思政要素4处，问题导入环节通过介绍杰出校友，引导学生以他们为榜样，刻苦钻研，努力学习，将来学有所成回报社会、造福人民，使自己成为别人的榜样！自然而然地引起学生共鸣，有助于学生树立远大理想。在编程求解时，通过阐述结构体的各个成员是一个有机整体，引出56个民族是一个有机整体，要共同享有富裕成果，自然引出中国社会主义制度的优越性。提醒学生编程时注意代码书写的规范性，用适当的空格缩进体现程序的层次感，自然引出要注意培养规范和科学的学术素养。在应用拓展时，通过应用于求解一道竞赛题目，自然引出要在学习过程中能够举一反三，发散思维，培养自己善于分析、不畏艰难的科学精神。

2.存在的问题

(1)由于微课时间的限制，对于应用拓展中涉及的海岸雷达监控问题没有给出具体的分析过程。该问题的分析过程较为复杂，可以通过翻转课堂形式来弥补，将线上资源分享给学生。

(2)知识点中所蕴含的思政要素还有待进一步挖掘。比如,在分析求解策略时,可以由浅入深,先给出2种错误的活动选择方式,再引出正确的选择方式,从而培养学生去伪存真的能力。但因为微课时间受限制,此点思政要素没能融入教学内容中。这可以通过课外拓展或线上资源的形式提供给学生。

六、具体教学设计3 "链表之约瑟夫环问题"课程

(一)教学目标

1.知识目标

(1)理解并掌握约瑟夫环问题的求解方法。

(2)掌握循环链表上查找相应结点的方法。

(3)掌握循环链表上删除结点的方法。

(4)理解约瑟夫环问题的程序设计思路和具体程序。

2.思政目标

(1)在问题引入环节,引导学生在做人做事时要牢记一个词,那就是"诚信",要诚信做人、踏实做事。诚信也是社会主义核心价值观的一个重要方面,我们要自觉践行,要通过自己的真才实学来获得别人的认可,而不是投机取巧。

(2)在讲解循环链表的查找操作算法时,引导学生考虑问题要从全局出发,不能目光短浅,只顾眼前,要有全局观。

(3)介绍约瑟夫环问题在数字图像水印算法和一些加密算法中的应用,鼓励学生要志存高远,将约瑟夫环问题应用到更多领域,以解决更多问题,为国家的科技发展和社会进步做贡献。

(二)教学过程设计

表4展示了"约瑟夫环问题"课程思政教学过程设计。

表4 "链表之约瑟夫环问题"课程思政教学过程设计

教学环节	教学过程	课程思政	教学方法
问题导入	公元66年,包括约瑟夫在内的16个犹太人通过层层选拔成为下一任首领的候选人,现任首领难以做出选择,于是制定了一个规则。 规则是:16个候选人围成一个圆圈,从编号为1的人开始从1报数,数到3的人就淘汰,被淘汰的下一位重新从1开始报数,数到3的那个人再淘汰。重复下去,直到剩一个人为止,最后剩下的这个人就是下一任首领。每个人的编号通过抽签的方式确定,共16个签,每个签上是1到16中的一个数字。了解规则后,约瑟夫思考片刻,然后暗地里让心腹之人在一个签上做了标记,他顺利地抽到了那个签,站到了圆圈的相应位置上,最终,他成为了下一任首领。	引导学生在做人做事时,要牢记一个词,就是"诚信",诚信做人、踏实做事。诚信也是社会主义核心价值观的一个重要方面,我们要自觉践行,要通过自己的真才实学来获得别人的认可,而不是投机取巧	PPT动画展示+设问启发

教学环节	教学过程	课程思政	教学方法
问题导入	那么,约瑟夫抽到的编号究竟是多少呢?会是1号吗?这也许是大多数人的直觉判断,但那是一个淘汰位置。根据规则,第1个淘汰的是3号,第2个淘汰的是6号,依此类推,第14个淘汰的是10号,他的下一位重新从1开始报数,数到3的人淘汰。因此,第15个淘汰的是1号,而最后剩下的是8号。可见,约瑟夫抽到的那个做了标记的签上,编号一定是8。 这就是约瑟夫环问题的原型,下面给出其一般形式	引导学生在做人做事时,要牢记一个词,就是"诚信",诚信做人、踏实做事。诚信也是社会主义核心价值观的一个重要方面,我们要自觉践行,要通过自己的真才实学来获得别人的认可,而不是投机取巧	PPT动画展示+设问启发
问题描述	编号分别为1, 2, …, n的n个人围坐一圈,编号为1的人开始从1报数,数到m的那个人出圈;出圈人的下一位重新从1开始报数,数到m的那个人又出圈;如此循环,直到所有人都出圈为止,要求的则是出圈人员的编号序列		PPT展示

求解方法	那么,n个人构成的圆圈在计算机中应如何表示呢?前面学过的哪种结构是具有圆环特性的?对了,就是循环链表,它是一种首尾相接的链表,整个链表恰好构成一个圆环。因此,可用循环链表来表示n个人构成的圆圈。
	链表的每个结点对应一个人且都包含2个部分:一是数据域,用来表示一个人的编号;二是指针域,用来指向下一个人对应的结点。第n个结点的指针域指向第1个结点,从而构成一个圆环。
	下面给出一个结点的C语言定义,也包括2个部分:用整型变量data表示结点的数据域,保存一个人的编号;用指针变量next表示结点的指针域,用来指向下一个人所对应的结点。
	struct personNode{
	　　int data;
	　　struct personNode *next;
	};
	那么如何用循环链表求解约瑟夫环问题呢?
	从第1个结点开始向后查找当前的第m个结点,找到后令其出圈,将其从链表中删除。当下一个人重新从1开始报数,数到m的那个人再出圈,这就相当于从下一个结点开始继续查找当前的第m个结点,找到后,再将其删除。重复这个过程,当所有结点都被删除时,就得到了出圈人员的编号序列。因此,求解方法就是不断地对循环链表进行查找和删除操作。
	基于以上的准备工作,下面给出约瑟夫环问题的求解算法
			PPT动画展示+设问启发

教学环节	教学过程	课程思政	教学方法
求解算法（一）	假设已经创建好含有 n 个结点的循环链表,显然第1次查找时应从第1个结点开始,所以设置一个指针 q 指向第1个结点,也就是让 q 指向 r 结点的直接后继。此外,要查找从 q 结点开始的第 m 个结点,还需设置一个计数器 num,用来统计从 q 结点开始的结点个数,最初 q 指向第1个结点,因此,num 的初值应为1;接下来,用一个 while 循环进行查找,循环条件就是当 $num<m$ 时。如何进行查找呢？只需向后移动指针 q,同时对 num 进行累加即可。在向后移动指针 q 之前,要先向后移动指针 r,这是保证 r 总是指向 q 结点的直接前驱,从而便于在后面进行删除操作。下面先向后移动指针 r 指向其直接后继,也就指向了 q 结点,接着后移动指针 q,指向下一个结点,然后累计结点个数,只要 $num<m$ 就向后移动指针 r,向后移动指针 q,最后累计结点个数。当 $num=m$ 时就结束 while 循环,这时 q 正好指向当前待查找的第 m 个结点,输出 q 结点的数据域就得到了一个出圈人的编号。这就是查找操作的代码部分。 接下来将 q 结点从链表中删除,表示这个人已经出圈。下面来讨论删除操作	引导学生在考虑问题时要从全局出发,不能目光短浅、只顾眼前,要有全局观	PPT动画展示＋启发引导
求解算法（二）	当删除 q 所指向的第 m 个结点后,第 $m+1$ 个结点成为第 $m-1$ 个结点的直接后继,因此,只需修改第 $m-1$ 个结点的指针域,令其指向第 $m+1$ 个结点即可,然后释放 q 结点所占的内存空间,就完成了整个删除操作。这2条语句就是删除操作的代码部分		PPT动画展示
求解算法（三）	删除一个结点后,要从下一个结点开始继续查找当前状态下的第 m 个结点,找到后就输出它的数据域,得到一个出圈人员的编号,再将其删除掉。因此,这一步就是重复查找和删除操作,直到所有结点都被删除为止		PPT动画展示
应用拓展	约瑟夫环问题有许多复杂变形且在数字图像水印算法和一些加密算法中有着重要的应用,学者已经对此进行了相关研究 Watermark Algorithm Based on Joseph Ring and Wavelet Transformation 基于约瑟夫环和小波变换的图像水印算法	鼓励学生努力学习、志存高远,将约瑟夫环问题应用到更多领域,解决更多问题,为国家的科技发展和社会进步做贡献	PPT展示

教学环节	教学过程	课程思政	教学方法
应用拓展		鼓励学生努力学习、志存高远，将约瑟夫环问题应用到更多领域，解决更多问题，为国家的科技发展和社会进步做贡献	PPT展示

（三）教学反思

1.成功之处

（1）问题导入方式新颖。

本知识点是用循环链表编程求解约瑟夫环问题，利用出圈淘汰的方式选举下一任首领这一历史事件来引入问题，激发学生的浓厚兴趣和求知欲，使枯燥的程序设计课程变得具有趣味性，达到了良好的教学效果。

（2）讲解透彻详细。

本知识点遵循"问题导入—问题描述—求解方法—求解算法—应用拓展"5个步骤展开讲解，逻辑思路清晰，目标明确，层层深入，环环相扣，而且制作了大量的直观动画来演示实现过程，使得重点突出，难点突破自然，非常易于学生理解和掌握。

（3）思政融入自然。

本知识点共融入思政要素3处。第一，在问题导入环节，介绍约瑟夫在下一任首领选举过程中的作弊行为，引导学生在做人做事时要牢记一个词，那就是"诚信"，诚信做人、踏实做事。诚信也是社会主义核心价值观的一个重要方面，我们要自觉践行，要通过自己的真才实学来获得别人的认可，而不是投机取巧。第二，在讲解查找操作算法时，通过说明在向后移动指针 q 之前，要先向后移动指针 r，这是保证 r 总是指向 q 结点的直接前驱，便于在后面进行删除操作，进而引导学生在考虑问题时要从全局出发，不能目光短浅、只顾眼前，要有全局观。第三，在应用拓展时，介绍约瑟夫环问题在数字图像水印算法和加密算法中的应用，鼓励学生努力学习，志存高远，将约瑟夫环问题的解决方法应用到更多领域，解决更多问题，为国家的科技发展和社会进步做贡献。以上3处融入都体现了授课内容与思政要素的无缝衔接。

2.存在的问题

(1)由于微课时间受限制,没有深入展开讲解循环链表的创建操作算法。这可以通过翻转课堂形式来弥补,将线上资源提供给学生。

(2)知识点中所蕴含的思政要素有待深入挖掘。目前,思政要素融入点还不够充实,这将在以后的教学过程中逐步挖掘充实。

"中外建筑与文化"课程思政微课设计

田　敏[①]

一、基本信息

表1展示了"中外建筑与文化"课程的基本信息。

表1　"中外建筑与文化"课程基本信息

课程名称	中外建筑与文化		
课程性质	通识课程	授课对象	全校本科生
微课章节名称（3个）	(1)中国古建筑中的数字文化	(2)连通世界的中国桥	(3)中国城防建筑之城墙

二、教学设计

1."中国古建筑中的数字文化"课程设计

(1)切入课程思政的课程知识点。

本讲是"中外建筑与文化"课程的第1讲"中国古代建筑的特点"中的内容,主要介绍中国古代数字的分类,并以门钉、开间和圜丘坛为例,着重讲解"九"和"五"这2个数字的特殊文化含义及其在中国古建筑中的巧妙运用。

(2)课程目标。

①知识目标:理解中国古建筑中数字的分类和运用。

②能力目标:具备看懂和分析中国古建筑中数字奥秘,以及深刻理解数字文化的能力。

③思政目标:理解中国古建筑中讲究道法自然、天人合一的宇宙观、自然观和哲学思

[①] 田敏,浙江工商大学管理工程与电子商务学院讲师。

想,深化学生对人与自然是生命共同体的认识,引导学生树立尊重自然、顺应自然、保护自然的可持续发展生态文明理念。

（3）教学理念。

深入了解学生的兴趣所在,以学生成长为中心设计教学内容,聚焦学生发展,注重立德树人,将时代的、社会的正能量内容引入课堂,传递正确的人生观、价值观和世界观,引发学生的情感共鸣,有效地激发学生主动学习的内在动力。

（4）学情分析。

①学生群体构成。本课程是全校通识选修课,主要授课对象为大学本科一、二、三年级的学生,有少数本科四年级学生,每学期有来自全校40多个专业共计140名学生参与学习,平均年龄为19岁,求知欲望普遍较强,有上进心,思维活跃。

②学生知识基础。选修此门课的学生基本都对建筑充满好奇心,但因为本课程的学生来自不同专业,其专业知识基础有很大差别。对大部分学生来说,建筑是一个新的领域,学生对课程的学习充满期待。

③学生学习能力。学生已经具备基本的自主和探究学习能力,能够在学习过程中利用网络资源寻找相关知识材料,结合课前预习和课后作业展开自主学习,探究丰富多彩的建筑知识。

④学生学习风格。本课程的授课对象学习风格较为多样。一些学生具有较独立的学习风格,一些学生乐于在合作的气氛中学习,另一些学生充满求知欲却容易转移兴趣点。因此,需要精准教学设计,激发学生学习兴趣,提高学生学习热情,启发学生创新思维。

（5）教学重难点。

教学重点:中国古建筑中数字的分类和运用。

教学难点:中国古建筑中数字的象征意义和文化内涵。

（6）教学方法。

①问题驱动教学法。通过问题导入激起学生好奇心,视频、图片、动画的运用,能够吸引学生注意力。在讲授中,不断引入问题,层层推进,激发学生思维,引导学生深入理解中国古代建筑的特点,了解中国古建筑中所体现的数字文化,增强课程思政教学的共情力。

②案例讨论教学法。学生对本次课的知识点的兴趣普遍浓厚。选择学生熟悉的案例如紫禁城进行讲解,让学生觉得课程内容不只有枯燥的概念,而是更具现实意义的,同时使课程思政教学的真实性、趣味性增加。

③启发式教学法。本次课的教学以启发式教学展开,以"口语语态"的提问、回答,促进学生主动思考,让被动知识灌输变为主动价值观形成,扩大课程思政教学的感染力。

（7）预习任务与课后作业。

①预习任务。

线上视频:中国大学MOOC国家在线开放课程"中国古代建筑艺术"。

教材:李之吉:《中外建筑史》,中国建筑工业出版社2015年版。

参考书目:

a)梁思成:《中国建筑史》,生活·读书·新知三联书店2011年版。

b)柳肃:《营建的文明:中国传统文化与传统建筑》,清华大学出版社2014年版。

c)潘谷西:《中国建筑史》,中国建筑工业出版社2015版。

②课后作业。

a)选择几例古建筑,应用所学数字知识对其进行分析。

b)思考中国古建筑中数字所体现出来的宇宙观和哲学思想。

表2展示了"中国古建筑中的数字文化"课程教学过程,包括不同教学环节的教学内容、教学活动、思政内容及时长。

表2 "中国古建筑中的数字文化"课程教学过程

教学环节1:导入(1分钟)			
教学内容	教学活动	思政元素	时长
指明学习重点	讲述中国古建筑中的数字文化背景		1分钟
教学环节2:知识内化(8分钟)			
教学内容	教学活动	思政元素	时长
门钉	(1)展示各种门。 (2)讲解门钉的作用。 (3)讲解中国古代对数字的分类及其原因。 (4)对比紫禁城中4个城门门钉数的不同,剖析产生不同的原因 午门　神武门　华西门　东华门 东华门门钉　南午门	感知中国古代工匠在建筑设计和建造过程中的用心和讲究,培养学生注重对美好事物的向往和追求	4分钟

开间	(1)讲解开间的概念。 (2)讲解数字"九"和"五"在中国古建筑中开间和进深上的运用 凡在四柱之中的面积都称为间。 ——梁思成《清式营造则例》 太和殿(清) 保和殿　　　　皇极殿		2分钟
圜丘坛	(1)讲解圜丘坛的建造历史。 (2)讲解圜丘坛中数字"九"的巧妙应用。 (3)讲解古时祭天活动的意义 圜丘坛 天心石		2分钟

<table>
<tr><td colspan="4" align="center">教学环节3:情感升华(45秒)</td></tr>
<tr><td align="center">教学内容</td><td align="center">教学活动</td><td align="center">思政元素</td><td align="center">时长</td></tr>
<tr><td align="center">中国古建筑中的宇宙观和哲学思想</td><td>(1)讲解中国古建筑中数字所体现出的宇宙观和哲学思想。
(2)强调人与自然的关系
</td><td>增强学生对人与自然是生命共同体的认识,引导学生树立尊重自然、顺应自然、保护自然的可持续发展生态文明理念</td><td align="center">45秒</td></tr>
<tr><td colspan="4" align="center">教学环节4:期望寄语(15秒)</td></tr>
<tr><td align="center">教学内容</td><td align="center">教学活动</td><td align="center">思政元素</td><td align="center">时长</td></tr>
<tr><td align="center">寄语</td><td>寄语正值青年的学生</td><td>塑造学生长久保护自然的意识,激发学生共建美丽祖国的责任感和使命感</td><td align="center">15秒</td></tr>
</table>

2.“连通世界的中国桥”课程设计

(1)切入课程思政的课程知识点。

本讲是“中外建筑与文化”课程第6讲“中国古代建筑类型及其艺术特点之桥”中的内容,结合赵州桥、钱塘江大桥、四川合江长江公路大桥和沪苏通长江公铁大桥等桥梁实例讲解桥梁的类型,展现中国桥梁建设成就及中国桥梁人的“桥魂”精神。

(2)课程目标。

①知识目标。了解桥梁的起源;熟悉桥梁的4种类型。

②能力目标。针对古今各式桥梁,具有分析不同类型桥梁结构特点的能力,具有初步提出合理解决方案的能力,并在过程中体现一定的知识整合和灵活运用能力。

③思政目标。感受祖国桥梁建设成就的伟大,感受中国融通世界、协和万邦的济世情怀和勇于创造、敢为人先的大国担当,激发学生共筑美好中国梦的责任感和使命感;培养学生树立自强不息、不畏艰险、无私奉献、自主创新、守望坚持的奋斗精神和民族志气;启发学生不断钻研和探索,树立精益求精的工作理念,将工匠精神内化于心。

(3)教学理念。

深入了解学生的兴趣所在,以学生成长为中心设计教学内容,聚焦学生发展,注重立德树人,将时代的、社会的正能量内容引入课堂,传递正确的世界观、人生观和价值观,引发学生的情感共鸣,有效地激发学生主动学习的内在动力。

(4)学情分析。

①学生群体构成。本课程是全校通识选修课,主要授课对象为本科一、二、三年级学生,有少数本科四年级学生,每学期共有来自全校40多个专业共计140名学生参与学习,平均年龄为19岁,普遍求知欲望较强,有上进心,思维活跃。

②学生知识基础。选修此门课的学生基本对建筑充满好奇,这些学生来自不同专业,其专业知识基础有很大差别。对大部分学生来说,建筑是一个新的领域,他们对课程的学习充满期待。

③学生学习能力。学生已经具备基本的自主和探究学习能力,能够在学习过程中利用网络资源寻找相关知识,结合课前预习和课后作业展开自主学习,探究丰富多彩的建筑知识。

④学生学习风格。本课程的授课对象学习风格较为多样。一些学生具有较独立的学习风格,一些学生乐于在合作的气氛中学习,还有一些学生充满求知欲却容易转移兴趣点。因此,需要精准的教学设计,以激发学生的学习兴趣,提升学生的学习热情,启发学生创新思维。

(5)教学重难点。

教学重点:桥梁的类型。

教学难点:不同类型桥梁的结构受力特点。

(6)教学方法。

①问题驱动教学法。问题导入激发学生好奇心,视频、图片、动画的运用吸引学生注意力。在讲授中,不断引入问题,层层推进,激发学生思维,引导学生进一步理解中国古代建筑的特点,了解中国古建筑中所体现的数字文化,增强课程思政教学的共情力。

②案例讨论教学法。学生普遍对本次课的知识点兴趣浓厚,选择具有代表意义的桥梁如赵州桥、钱塘江大桥、四川合江长江公路大桥和沪苏通长江公铁大桥进行讲解,让学生觉得课程内容不只有枯燥的概念,相反更具现实意义,使课程思政教学的真实性和趣味性大大增加。

③启发式教学法。本次课以启发式教学展开,以"口语语态"的提问、回答来促进学生主动思考,让被动知识灌输变为主动价值观形成,增强课程思政教学的感染力。

(7)预习任务与课后作业。

①预习任务。

线上视频:中国大学MOOC国家在线开放课程"中国古代建筑艺术"。

教材:李之吉:《中外建筑史》,中国建筑工业出版社2015年版。

参考书目:

a)梁思成:《中国建筑史》,生活.读书.新知三联书店2011年版。

b)柳肃:《营建的文明:中国传统文化与传统建筑》,清华大学出版社2014年版。

c)潘谷西:《中国建筑史》,中国建筑工业出版社2015年版。

②课后作业。

a)思考桥梁的"中国跨度"是怎么样炼成的。

b)思考中国特有的建"桥"、造"桥"、修"桥"的理念。

表3展示了"连通世界的中国桥"课程教学过程,包括不同教学环节的教学内容、教学活动、思政内容及时长。

表3 "连通世界的中国桥"课程教学过程设计

教学环节1:导入(1分钟)			
教学内容	教学活动	思政元素	时长
桥梁的起源	(1)展示多种多样的桥梁图片。 (2)展示2座天然桥梁。 (3)讲解天然桥梁的形成原因,阐述桥梁的起源 浙江天台横跨于瀑布上的石桥　　四川武胜天生桥 独木桥		1分钟
教学环节2:知识内化(8分钟)			
教学内容	教学活动	思政元素	时长
梁桥	(1)讲解梁桥的结构和受力特点。 (2)讲解简支梁桥和连续梁桥的区别。 (3)讲述钱塘江大桥和茅以升的故事 	增强学生对中国桥梁人"桥魂"精神的感知,形成开拓创新的科学精神、与时俱进的爱国精神和赤子报国的奉献精神	3分钟

续　表

梁桥	钱塘江大桥　　茅以升 (1896年1月—1989年11月)	增强学生对中国桥梁人"桥魂"精神的感知,形成开拓创新的科学精神、与时俱进的爱国精神和赤子报国的奉献精神	3分钟
拱桥	(1)讲解拱桥的结构和受力特点。 (2)讲解钢管混凝土拱桥的受力原理 上承式拱桥　中承式拱桥　下承式拱桥 世界上现存年代最久远、跨度最大、保存最完整的石拱桥赵州桥　　四川合江长江公路大桥	让学生感受桥梁建设者非凡的智慧和卓越的建造技艺,树立精益求精的工匠精神	2分钟
斜拉桥	(1)讲解斜拉桥的结构和受力特点。 (2)展示中国斜拉桥建设成就 斜拉桥 拉索　索塔 主梁　　沪苏通长江合铁大桥	让学生感受中国桥梁建设成就的伟大,感知"中国跨度",感受中国勇于创造、敢为人先的大国担当,增强学生的爱国主义情怀和共筑美好中国梦的时代使命感	2分钟
悬索桥	(1)讲解悬索桥的结构和受力特点。 (2)展示中国悬索桥建设成就 悬索桥 主缆　主塔 锚碇　锚碇　杨泗港长江大桥		1分钟

教学环节3:情感升华(50秒)				
教学内容	教学活动	思政元素	时长
桥梁发展	(1)展示中国历代桥梁图片。 (2)讲述中国桥梁建设者无私奉献的精神	培养学生树立自强不息、不畏艰险、无私奉献、自主创新、守望坚持的奋斗精神和民族志气	50秒

桥梁发展		培养学生树立自强不息、不畏艰险、无私奉献、自主创新、守望坚持的奋斗精神和民族志气	50秒
教学环节4:期望寄语(10秒)			
教学内容	教学活动	思政元素	时长
寄语	寄语正值青年的学生	鼓励学生勇做走在时代前列的奋进者、开拓者、奉献者	10秒

3.“中国城防建筑之城墙”课程设计

(1)切入课程思政的课程知识点。

本讲是“中外建筑与文化”课程第2讲“中国古代建筑类型及其艺术特点之城防建筑”中的内容,主要以西安城墙为例讲解城墙的结构构造,剖析中国城防建筑之城墙的精神内涵。

(2)课程目标。

①知识目标:理解城墙的起源和发展历程;掌握城墙的结构特征。

②能力目标:具备分析城墙与城市发展及社会生活之间联系的能力;具备深刻理解城墙文化意义的能力。

③思政目标:理解城墙的文化内涵和精神力量,感受城墙的“守御”作用,深化学生对“以生命赴使命、用挚爱护苍生”守御祖国榜样力量的感知,厚植爱国主义情怀,引导学生树立保家卫国的高远志向,激发学生作为中国特色社会主义事业接班人的时代使命感和社会责任感。

(3)教学理念。

深入了解学生的兴趣所在,以学生成长为中心来设计教学内容,聚焦学生发展,注重立德树人,将时代的、社会的正能量内容引入课堂,传递正确的世界观、人生观和价值观,引发学生的情感共鸣,有效地激发学生主动学习的内在动力。

(4)学情分析。

①学生群体构成。本课程是一门全校通识选修课,主要授课对象为本科一、二、三年级学生,有少数本科四年级学生,每学期共有来自全校40多个专业共计140名学生参与学习,平均年龄为19岁,求知欲望普遍较强,有上进心,思维活跃。

②学生知识基础。选修此门课的学生基本对建筑学充满好奇,但这些学生来自不同

专业,其专业知识基础有很大差别。对大部分学生来说,建筑是一个新的领域,学生对课程的学习充满期待。

③学生学习能力。学生已经具备基本的自主和探究学习的能力。在学习过程中,能够利用网络资源寻找相关知识,并结合课前预习和课后作业展开自主学习,探究丰富多彩的建筑知识。

④学生学习风格。本课程的授课对象学习风格较为多样。一些学生具有较独立的学习风格,一些学生乐于在合作的气氛中学习,还有一些学生充满求知欲却容易转移兴趣点。因此,需要精准的教学设计,激发学生的学习兴趣,提高学生的学习热情,启发学生的创新思维。

(5)教学重难点。

教学重点:城墙的作用和结构。

教学难点:城墙的文化内涵。

(6)教学方法。

①问题驱动教学法。问题导入激起学生好奇心,视频、图片、动画的运用吸引学生的注意力。在讲授中,不断引入问题,层层推进,激发学生思维,引导学生进一步理解中国古代建筑的特点,了解中国古建筑中所体现的数字文化,增强课程思政教学的共情力。

②案例讨论教学法。学生普遍对本次课的知识点兴趣浓厚,选择具有代表意义的西安城墙进行讲解,让学生觉得课程内容不只有枯燥的概念,而是更具现实意义的,使得课程思政教学的真实性和趣味性大大增加。

③启发式教学法。本次课的教学以启发式教学展开,以"口语语态"的提问、回答促进学生主动思考,让被动知识灌输变为主动价值观形成,强化课程思政教学的感染力。

(7)预习任务与课后作业。

①预习任务。

线上视频:中国大学MOOC国家在线开放课程"中国古代建筑艺术"

教材:李之吉:《中外建筑史》,中国建筑工业出版社2015年版。

参考书目:

a)梁思成:《中国建筑史》,生活·读书·新知三联书店2011年版。

b)柳肃:《营建的文明:中国传统文化与传统建筑》,清华大学出版社2014年版。

c)潘谷西:《中国建筑史》,中国建筑工业出版社2015年版。

② 课后作业。

a)思考如何做到城墙文化遗产的有效保护与合理开发。

b)思考城墙的文化意义。

(8)教学过程。

表4展示了"中国城防建筑之城墙"课程教学过程,包括不同教学环节的教学内容、教

学活动、思政元素及时长。

表 4 "中国城防建筑之城墙"课程教学过程

教学环节 1：导入（2 分钟）			
教学内容	教学活动	思政元素	时长
确认基本概念 指明学习重点	（1）讲述我与城墙的故事。 （2）展示城墙视频和图片 筑城以卫东，造廓以守民。 ——《吴越春秋》		1 分钟
城墙的起源	（1）提问：提起城墙，你是不是感觉很熟悉？但你真正了解它吗？ （2）阐述城墙的起源 壕沟防御		1 分钟
教学环节 2：知识内化（6 分钟）			
教学内容	教学活动	思政元素	时长
城墙的结构	（1）提问：城墙是什么样的呢？ （2）讲解城墙各部分的结构及作用 ■墙体　■女墙 ■马面　■马道 ■城门　■城楼	讲解城墙的结构，让学生感受古代工匠的智慧和精湛的建造技艺，培养学生不断钻研、精益求精的工匠精神	6 分钟

续 表

城墙的结构	瓮城　　　　　箭楼 护城河	讲解城墙的结构,让学生感受古代工匠的智慧和精湛的建造技艺,培养学生不断钻研、精益求精的工匠精神	6分钟
教学环节3:情感升华(45秒)			
教学内容	教学活动	思政元素	时长
城墙的意义	(1)指明城墙所具有的文化意义和所体现的精神价值。 (2)展示默默付出和守护祖国的劳动者图片	加强对城墙的文化内涵和精神力量的理解,感受城墙的"守御"作用,增进学生对"以生命赴使命、用挚爱护苍生"守御祖国榜样力量的感知,厚植爱国主义精神	45秒
教学环节4:期望寄语(15秒)			
教学内容	教学活动	思政元素	时长
寄语	寄语正值青年的学生	培养学生树立高远志向、书写无悔青春的奋斗精神,增强以梦为马、珍惜韶华的前行力量,夯实学生努力实现中华民族伟大复兴的决心和意志,激发其作为中国特色社会主义事业接班人的时代使命感和社会责任感	15秒

三、特色与创新

第一,遵循通识课程素质教育指导思想,秉承"以学生成长为中心"的教学理念和"立德树人"的育人理念,将时代的、社会的正能量内容引入课堂,传递正确的世界观、人生观和价值观。

第二,课程思政教学内容饱满,思政教学切入点和知识点之间的转换自然流畅,润物细无声地将思政元素融入相关知识中,潜移默化地厚植爱国主义情怀,增强民族自信和文化自信。

第三，大量图片、视频、动画的运用能够很好地吸引学生的注意力，激发学生的学习兴趣。通俗易懂的讲解，满足了非专业学生对建筑知识的理解需求，有效地激发学生主动学习的内在动力。

第四，按照"导入—知识内化—情感升华—期望寄语"的顺序进行微课教学设计，教学过程主线清晰，逻辑连贯，层层推进地讲授知识，循序渐进地升华情感引发共鸣。

"劳动法与社会保障法"课程思政微课设计

徐媛媛[①]

一、基本信息

表1展示了"劳动法与社会保障法"课程的基本信息。

表1 "劳动法与社会保障法"课程基本信息

课程名称	劳动法与社会保障法		
课程性质	专业课程	授课对象	法学专业本科生三年级
微课章节名称（3个）	（1）劳动合同到期了怎么办？	（2）请了病假能出国吗？	（3）补偿2个月工资就能随意解雇员工吗？

二、教学设计

1.切入课程思政的课程知识点

本课程知识点包括劳动法和社会保障法两大部分。其中,劳动关系的产生、变更与消灭是重要内容,而劳动合同关系是最为典型的劳动关系。因此,了解劳动合同的订立、履行、解除和终止的相关法律规范和司法实践是本课程学习的重点和难点,应当将课程思政与之充分融合,具体切入点包括但不限于以下3点。

（1）将社会主义核心价值观中形成的价值共识融入劳动合同订立的知识点介绍之中。

《劳动合同法》明确规定了劳动合同订立的基本原则,即合法、公平、平等自愿、协商一致、诚实信用等。这些原则既是社会运行的基石,也贯穿于劳动关系的整个存续期间,需要引导学生对它们产生高度认同。

---

① 徐媛媛,浙江工商大学法学院副教授。

（2）着力将诚信价值融入劳动合同履行的知识点介绍之中。

劳动关系具有财产关系和人身关系的双重属性,诚实守信原则不仅是劳动者应当恪守的社会公德,更是用人单位与劳动者依法建立和履行劳动关系的基础。尽管立法对劳动者做了倾斜保护的制度设计,但要引导学生明白劳动者合法权益受保护的前提条件是劳动者和用人单位在法律上的平等和相互尊重。

（3）将马克思主义劳动观、社会主义核心价值观融入劳动合同解除和终止的知识点介绍之中。

马克思主义劳动观是马克思主义理论的重要组成部分。它认为,人不仅凭借劳动满足最基本的生存需要,实现社会财富的创造和积累,而且人最终也要通过劳动实现人之为人的自由本质。新时代劳动教育的总体目标是使学生理解并形成马克思主义劳动观,牢固树立劳动最光荣、奋斗最幸福的观念。劳动法律规范对劳动者辞职做了较为宽松的设计,因此需要引导学生避免滥用辞职权,同时还要理解"严解雇"的确切意涵,使学生将来在职场中面临劳动合同解除和终止时,既清楚自己的权利和义务,也知晓如何通过法律途径维护自己的合法权益。

2.思政教育的课程目标

2021年4月30日,最新修正的《中华人民共和国教育法》正式施行,标志着我们迈入了"五育"并举的新时代。思政教育的课程目标之一是践行"五育"并举,劳育先行,探索劳动教育与专业课教学相结合,以形成劳动教育协同育人的新格局。

"培养什么样的人,如何培养人,为谁培养人"是事关教育根本的三大课题,而"培养什么样的人"更是居于首要位置。思政教育的课程目标之二是建构具有协同效应的"德法兼修"模式,培养忠诚的青年劳动法治人才,为党育人、为国育才。

3.知识点与思政教育结合的教学设计

社会主义核心价值观集中体现了社会主义意识形态的本质要求,具有价值引领、社会整合、主体建构等功能,也为法治中国建设提供了指南。劳动法和社会保障法的理念、制度和实践,都显现出对社会主义核心价值观的肯定和践行,以及中国共产党坚持以人民为中心的根本立场。同时,在新时代,党对劳动教育提出了新要求,即其应当兼具思政劳育、专业劳育、实践劳育和学术劳育这四重维度,从而全面提升大学生的劳动素养。

因此,在教学过程中,要有针对性地将马克思主义劳动观、社会主义核心价值观、思政元素与劳动法和社会保障法专业知识相结合,从而展开教学设计。

（1）选择权威教材。

选择马克思主义理论研究和建设工程重点教材——《劳动与社会保障法学》作为教学用书,坚持马克思主义与中国国情相结合,坚持马克思主义的立场、观点和方法,坚持理论联系实际的作风,这是我们探索和认识劳动与社会保障法律制度产生、发展及其演变规律的有效路径。

（2）阐述基础理论。

理论是实践的先导，也是实践的指南。马克思主义原理是中国特色劳动与社会保障法律制度的理论基础，具体体现在一系列基本术语、核心理念、基本原则、基本理论和基本内容上。倘若缺失了对基础理论的深入理解，就难以真正理解中国劳动与社会保障的制度设计。

（3）介绍我国劳动与社会保障法的制度设计。

劳动与社会保障法具有极强的实践属性，与社会生活息息相关。在教学中引入民众喜闻乐见的艺术作品或者热点新闻事件，结合法律法规、政策文件等，介绍我国劳动与社会保障法的制度设计，可以有效消除尚未走出校园的大学生和劳动法社会保障法之间的疏离感，使学生切实体悟"法治是一种生活方式"的信念。

（4）与教学实践基地协力合作。

本课程已经建立了对应实践教学基地，包括劳动人事争议仲裁院、不同级别的法院，以及律师事务所等单位，它们为本课程教学提供了大量一手案例。同时，在教学中还引入与本课程知识点相关的指导性案例、典型案例、公报案例等，采取 PBL 教学模式展开教学实践。

（5）数字赋能劳动与社会保障法的教育教学。

今天，数字技术与教育教学正在深度融合。本课程积极开发了"劳动法治教育虚拟仿真教学实验软件"，将马克思主义劳动观、社会主义核心价值观融入真实案例并撰写脚本，构建虚拟职场空间，将求职招聘、用工管理、辞职辞退的完整流程借助 3D 虚拟仿真化进行展现。学生可以选择虚拟角色完成相关实验操作，从而获得沉浸式、多角色、全过程的学习体验，不仅能够促进主观能动性的发挥，有效提高学习兴趣，而且有助于增强学生的实务操作能力，防范职场风险；同时也为教师提供了一种全新的教学方法和教学手段。

（6）开展丰富多元的教学活动。

"双师互动""实务精英进课堂"等教学活动的安排，针对影响和谐稳定劳动关系构建的若干问题，尤其是新冠疫情期间如何均衡保护劳资双方的权益，从理论与实务的双重视角，从劳动者和用人单位的不同立场，引导学生不仅要掌握劳动法律规范的内容，还要清楚制度背后的价值立场。

（7）指导学生灵活运用所学。

法学是实践之学，鼓励学生主动发现生活中的劳动与社会保障法的问题，关心周围的人与世界，并且学会整理、凝练自己的所见所思，积极参加竞赛、申报课题、撰写论文，投身公益活动，等等，以延伸或者拓展劳动与社会保障法的课堂，提升教学效果。

三、特色及创新

法学教育应当以培养忠于国家、忠于党、忠于人民、忠于法律的法治人才为目标。本课程的设计,既契合了新时代培养青年法治人才的实践需要,也是对习近平总书记提出的"构建德智体美劳全面培养的教育体系"要求的积极落实:

(1)以社会主义核心价值观为引领,唤醒大学生的价值意识,提高政治站位,找准精神坐标。

(2)借助鲜活的案例,将社会主义核心价值观的内容和要求嵌入"劳动与社会保障法"专业课程的教学,实现立德树人的教育宗旨。

(3)劳动教育是中国特色社会主义教育制度的重要内容,直接决定社会主义建设者和接班人的劳动精神面貌、劳动价值取向和劳动技能水平。迈进"五育"并举的新时代,努力探索劳动育人与法学专业课教学相结合,丰富了劳动教育的多重面向。

(4)建设虚拟仿真教学实验项目,与时俱进地更新教学方法。如双主体控制法,教师由讲授者变为辅助者、合作者,与学生一起探讨、解决实验中遇到的问题;又如游戏教学法,将游戏领域的NPC(非玩家游戏角色)引入数字时代的教学之中,增加实验教学的趣味性和挑战性;等等。实验项目拉近了学生和劳动法与社会保障法之间的距离,使学生切实感受到社会主义核心价值观正在不断融入法治国家、法治政府、法治社会建设全过程。

"城市管理学"课程思政微课设计

周　德[①]

一、基本信息

表1展示了"城市管理学"课程的基本信息。

表1　"城市管理学"课程基本信息

课程名称	城市管理学		
课程性质	专业课程	授课对象	土地资源管理专业本科生
微课章节名称(3个)	(1)城市管理内涵:以人为本	(2)城市环境管理:人类命运共同体	(3)城市文化管理:家国情怀 文化自信

二、教学设计

(一)切入课程思政的课程知识点

"城市管理学"课程通过耦合习近平新时代中国特色社会主义思想、"求真务实 诚信和谐 开放图强""天下为公 经世致用"的浙江精神,浙江工商大学(大商科)、公共管理学院(宽管理)提出城市管理学"人文精神与现代科学"的课程教学理念,注重培养学生"公开公平公正三公同在、知识能力素质三元并举、技术管理人文三者融合"的能力素养,厘清"人文精神与现代城市管理科学知识和技术"的辩证关系,将城市管理知识体系分解为3个维度,即人文素质、管理知识和技术能力,解构课程发展理念与知识结构体系、育人模式、课堂教学模式等的耦合关系,并构建基于"人文素质、管理知识、技术能力"模式的"城市管理学"课程教学理论体系、目标体系、内容体系、方法体系(见图1和表2)。

---

① 周德,浙江工商大学公共管理学院教授。

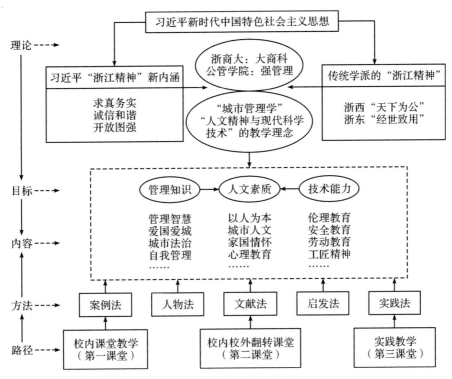

图1 "城市管理学"课程教学设计框架

表2 "城市管理学"课程思政教学设计思路

教学内容		课程思政育人目标	教学方法
管理知识与思政育人元素相结合	城市的发展与演变	从讲授城市功能及其演变,拓展到学生人生成长及未来职业规划,培养学生正确的价值观	启发法文献法
	城市管理内涵:以人为本	讲授城市管理的概念、管理要素的演变,从管理主体多元化、管理手段多样化、管理对象人本化等方面切入新时代新型城镇化背景下城市管理的"以人为本"的新发展理念。必须深入贯彻落实习近平总书记提出的"城市是人民的城市,人民城市为人民"①的重要论断,坚持以人民为中心,聚焦人民群众的需求。培养学生天下为公、经世致用的人文精神,以及"先天下之忧而忧,后天下之乐而乐"的爱国意识与公德精神	文献法案例法人物法
技术能力与思政育人元素相结合	城市治理	培养学生正确处理好外在发展与内在发展的关系,以及唯物主义的世界观和方法论	文献法
	城市管理执法	开展法治教育,讲解法治中国、法治政府等治国方略	案例法
	智慧城市建设	引导学生坚定"四个自信"。结合华为5G事件和中兴事件,讲解中国应构建自己的知识产权的城市大脑,技术不能受制于外国	案例法

---

① 2019年11月2—3日,习近平总书记在上海考察时提出"城市是人民的城市,人民城市为人民"。

教学内容		课程思政育人目标	教学方法
人文素质与思政育人元素相结合	城市住房管理	培养学生正确的理想信念和价值理念。通过学习"不忘初心跟党走——坚持房子是用来住的、不是用来炒的定位"的中央方针,引导学生在追求物质享受的同时也要重视精神文明的建设	文献法实践法
	城市安全管理	结合安全管理的相关知识,开展国家安全、粮食安全、生态安全、个人安全等安全教育	启发法案例法
	城市环境管理:人类命运共同体	"人类命运共同体"价值观培养。积极学习"和谐中国""美丽中国""生态文明建设""低碳经济发展""绿水青山就是金山银山"等生态环境保护理念。基于城市环境的概念、存在的环境问题及国际上的应对措施等,引入党的十八大明确提出的"人类命运共同体"意识,这已成为一种以应对人类共同挑战为目的的全球价值观。培养学生认识世情、国情、党情,深刻领会习近平新时代中国特色社会主义思想	文献法案例法人物法
	城市文化管理:家国情怀文化自信	讲解城市文化的含义、形成过程及中国城市文化发展演化过程,并结合介绍运河文化、西湖文化等特色文化,切入习近平总书记关于城市文化的思想,培养学生的家国情怀与文化自信的信念	文献法案例法人物法
	城市规划管理	一方面,教师讲解城市规划原理,开展大学生正确职业规划教育;另一方面,学生参观杭州城市规划展览馆,了解规划历史和规划目标,同时结合自身条件,选择正确的道路	启发法实践法

（1）管理知识与思政育人元素相结合。

一方面,通过讲授城市功能及其演变,学生可以掌握城市发展的过程及驱动机制、了解城市管理学学科源起、理解城市管理学的发展历程以及与相关学科之间的关系,进而拓展到学生人生成长和未来职业规划,从而培养学生正确的价值观;另一方面,从"以人为本"的城市管理原理出发,讲授在高质量发展背景下,"以人为本"理念在各项城市建设与城市管理中的重要性,培养学生"天下为公、经世致用"的人文精神及"先天下之忧而忧,后天下之乐而乐"的爱国意识与公德精神。

（2）技术能力与思政育人元素相结合。

首先,讲授城市法治建设与城市综合执法的相关内容,拓展到法治中国、法治政府等治国方略,开展法治教育使学生在理解城市法治含义与意义的基础上,思辨自由与规则之间的关系,并感悟社会主义核心价值观。其次,在课堂上引用智慧城市建设的案例,让学生主动查阅资料,在教师的指导下由学生对案例进行分析,教师通过启发等方式培养学生积极思考、主动学习的能力。最后,结合华为5G事件和中兴事件,讲解中国应构建自己的知识产权的城市大脑,技术不能受制于国外,从而激发学生为中国特色社会主义事业奋斗的信念和决心。

（3）人文素质与思政育人元素相结合。

第一，从房价走势入手，讲授诸如房屋建设管理、地价与房价调控等城市住房管理相关内容，激发学生的兴趣，引导学生关注时事、热点问题，并培养其终身学习的能力，以适应新的变化、新的局面。介绍"不忘初心跟党走——坚持房子是用来住的、不是用来炒的定位"的中央方针，拓展到国家的各项宏观调控政策，分享最新的制度与政策，让学生切实感受到我国政府"执政为民"的理念，增强获得感。第二，在城市安全管理的相关内容授课过程中，讲授城市公共安全及其特征、城市公共安全管理原则、城市灾害特征与类型等内容；结合案例教学，拓展到个人安全与公共安全的关系，开展国家安全、粮食安全、生态安全、个人安全等安全教育，从宏观到微观全方位地增强学生的安全意识。第三，在城市环境管理相关内容的讲授中，讲解城市生态环境保护的含义和内容及城市环境管理的一般手段，并从发展理念的转变入手，介绍"和谐中国""美丽中国""生态文明建设""低碳经济发展""绿水青山就是金山银山"等生态环境保护理念，加强学生的生态保护意识及可持续发展观的培育。第四，讲授城市文化管理相关内容，培养学生的家国情怀，树立文化自信。第五，通过对城市规划原理的讲解，结合案例分析，介绍不同资源禀赋、社会经济条件的城市在发展与规划中的差异性，进而引发学生基于自身条件对自我发展的思考，引导其选择正确的道路，并开展对大学生的正确职业规划教育；进行对杭州城市规划展览馆的参观与调研，帮助学生理解抽象的理论知识，在实践中加深对城市规划的历史和目标的理解，并使其意识到实践在学习和生活中的重要性，不仅要"读万卷书"，更要"行万里路"，培养学生唯物主义的世界观及方法论。

（二）思政教育的课程目标

本课程通过贯彻习近平总书记关于教育的重要论述和全国、全省教育大会精神，根据《高等学校课程思政建设指导纲要》和《浙江省高校课程思政建设实施方案》等文件的要求，结合习近平任浙江省委书记期间就从经济与文化并重的角度出发赋予浙江精神新内涵——"求真务实、诚信和谐、开放图强"，落实"课程育人功能"；围绕城市管理的"人文素质、管理知识、技术能力"3个维度，通过"教学资源多元化、授课形式多元化、课程实践多类化"的课程思政教学创新模式，旨在培养符合新时代所需的既掌握新管理知识、新技术能力，又具有人文情怀的高精通复合型城市管理人才，解决学生发展后劲不足、"谋食不谋道"的问题，实现专业成才与精神成人的有机融合。

课程思政的具体目标包括以下3个方面。

（1）知识目标：知识、能力、素质"三元"并举，全面高质提升。

知识、能力、素质"三元"并举，全面高质提升。对于城市的发展与演变、住房管理、生态环境管理、文化管理等城市管理学知识的学习，学生应充分理解城市管理学的学科地位和在城市管理工作中的实践意义。完善学生土地资源管理专业的知识体系，加深学生对城市形成与发展的理论认识，使其掌握现代城市管理主体、客体和手段，现代城市管理的变革,以及当前国内外城市管理过程中的主要问题与关键问题。

（2）能力目标:管理、技术、人文三者融合,既谋食又谋道。

管理、技术、人文三者融合,既谋食又谋道。对于城市管理学相关知识的学习,学生应掌握现代城市管理的基本理论、基本过程,提升分析不同资源禀赋与社会经济条件下城市发展的策略与机理,并针对不同区域提出差异化发展路径的能力,为今后从事公共管理、土地管理、行政管理等工作打下一定的理论基础,培养对经济学与管理学等基础人文社会科学分析能力、国土资源与城乡规划分析及应用能力。

（3）素质目标:公开、公平、公正"三公"同在,立浩然之正气。

公开、公平、公正"三公"同在,立浩然之正气。对于现代城市管理学理论与实践发展的学习,学生应解新发展格局、新型城镇化与高质量发展背景下城市发展面临的机遇与挑战,理解不同发展阶段下城市管理理念的差异,进而形成差异化发展的意识,因地、因时制宜地做出个人发展选择与工作中面临的种种决策,在日后工作中坚持"以人为本"的原则与不断创新的意识,全面提升自身素质。

三、特色及创新

第一,耦合习近平新时代中国特色社会主义思想、"求真务实、诚信和谐、开放图强""天下为公、经世致用"的浙江精神,浙江工商大学（大商科）、公共管理学院（宽管理）提出城市管理学"人文精神与现代科学"的课程教学理念,注重培养学生"公开公平公正'三公'同在、知识能力素质'三元'并举、技术管理人文三者融合"的城市管理人才理念,城市管理专业人才培养目标在理论与实践中有了比之前更明晰的抓手和落脚点。

第二,综合运用启发法、案例法、人物法,以翻转课堂和线上线下混合教学为切入点,加强学生思想政治素养的考核,增加对课程思政内容教学效果的过程性评价,实现教学效果的有效监控和管理。

"商贸翻译评析"课程思政微课设计

陈 程[①]

一、基本信息

表1展示了"商贸翻译评析"课程的基本信息。

表1 "商贸翻译评析"课程基本信息

课程名称	商贸翻译评析		
课程性质	专业选修课	授课对象	英语专业学生
微课章节名称（3个）	(1)中国特色术语对外翻译中的问题及方法	(2)中国商贸术语对外翻译中的问题及方法	(3)中国文化词对外翻译中的问题及方法

二、教学设计

（一）"中国特色术语对外翻译中的问题及方法"课程设计

1.教学内容

本课程思政教学内容包括3个层面：第一，阐释了中国价值观、意识形态、经济体制、政治理念是中国特色术语的根本内涵；第二，教授如何掌握这些中国元素并运用于对外翻译实践；第三，归纳并强化商贸对外翻译的指导思想。通过研究导向型翻译教学模式来具体实现，即引导学生发挥学习主体性，通过发现问题、解决问题、思考问题，掌握知识和技能，最终构建形成立场坚定、业务精通、思想正确的外宣译者能力。"中国特色术语对外翻译中的问题及方法"课程以商贸外交中常用的中国特色术语对外翻译为主要教学内容，从以下3个层面切入思政教育：

（1）通过展示和分析中国特色术语的现存翻译问题，引导学生认识掌握术语所蕴含的

---

① 陈程，浙江工商大学外国语学院副教授。

中国特色社会主义价值观、基本理念等信息是生产正确译文的前提,提升学生在翻译实践中学习中国特色社会文化的自主性。

(2)指导学生在进行中国特色术语翻译时,正确认识中西方意识形态、社会体制等差异性,在坚守中国自身价值观原则的基础上,选择符合国际思维的外宣话语。

(3)通过讲解现实生活中的真实外宣案例,提升学生对外传播中国社会形象的责任感。

2.课程育人目标

(1)培养学生用英语讲好中国特色社会主义故事的能力,包括运用英语准确表达中国特色社会主义核心价值观内容的能力、合理选择提升国际受众接受度的话语策略能力等。

(2)加深学生对中国特色社会主义制度的自信,包括深入学习中国特色社会主义道路、理论、制度和文化的基本内容,提升对国家的深刻认知;感知中国特色社会主义发展历程,增强民族认同感。

(3)提高学生对外传播中国制度形象的意识,包括增强学生对外传播中国特色社会主义价值观的兴趣度,提升对外传播信息准确性的责任感。

3.知识点与思政教育结合的教学设计

图1展示了"中国特色术语对外翻译中的问题及方法"课程思政教学设计思路。

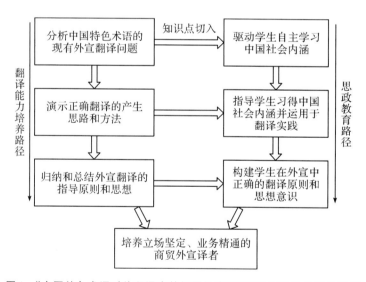

图1 "中国特色术语对外翻译中的问题及方法"课程思政教学设计思路

(1)分析中国特色术语的现有外宣翻译问题。教师通过向学生展示流通中的3个问题翻译案例——"五讲四美三热爱"标语、"国泰电影院"名称、"依法治国"术语,及其产生的负面外宣效应,引发学生对本章教学内容的学习兴趣。教师进而分析并指明:产生问题译文原因是学生盲目采纳网络词典,没有深入了解术语所蕴含的中国特色价值观、意识形态和政治理念,从而转变学生在翻译中固有的浅表式语言转化思维模式,将对外翻译深化至文化和思维层面。

（2）演示正确翻译的产生思路和方法。教师基于网络大数据的检索资源，帮助学生获取和掌握中国特色术语内涵的正确翻译路径，并借鉴中国共产党新闻网、中国外文局等权威平台发布的译文，向学生演示正确的翻译思路和方法。

（3）归纳和总结外宣翻译的指导原则和思想。在案例分析的基础上，归纳中国术语对外翻译的指导原则和策略：在准确释义术语的中国特色社会主义内涵的基础上进行有效话语的转化。为了加深学生对这一原则的认知，可通过作业练习促进学生的学习内化。

（二）"中国商贸术语对外翻译中的问题及方法"课程设计

1.教学内容

"中国商贸术语对外翻译中的问题及方法"课程，以中国商贸组织机构名称的对外翻译为主要教学内容，从以下3个层面切入思政教育：

（1）通过讲解现有的中国商务组织机构译名翻译混乱现象，引导学生认知到掌握中国商贸术语所蕴含的中国经济制度、贸易政策、发展理念等信息对翻译实践的重要性。

（2）引导学生在商贸组织机构翻译时，客观、正确地认识中西方组织功能、部门架构等差异，在确保中国商贸信息被忠实传递的前提下，借鉴目的语文化商贸组织机构名称表达结构，选择符合国际受众认知的外宣表达。

（3）分析网络流通中的问题翻译案例及其产生的负面外宣效果，提升学生对外传播中国商贸形象的责任与意识。

2.课程育人目标

（1）培养学生用英语讲好中国商贸故事的能力，包括运用英语准确表达中国商贸概念的能力，有效建构国际商贸话语权的能力，合理选择提升国际受众接受度的话语策略的能力，等等。

（2）加深学生对中国经济制度、发展理念等方面的认知，包括深入学习中国经济体制、组织架构、政策法规，增强民族自豪感；了解中国现代化建设规划、政策、成果，提升爱国主义情怀。

（3）提高学生对外传播中国良好商贸形象的意识，包括增强学生对外传播商贸信息的兴趣度，提升学生对外传播信息准确性的责任感，以及增强学生获取国际商贸话语权的使命感。

3.知识点与思政教育结合的教学设计

图2展示了"中国商贸术语对外翻译中的问题及方法"课程思政教学设计思路。

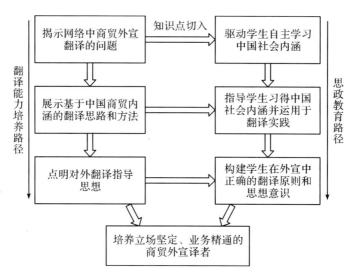

图2 "中国商贸术语对外翻译中的问题及方法"课程思政教学设计思路

(1)揭示网络中商贸外宣翻译的问题。教师展示百度翻译、谷歌翻译等学生常用的翻译软件产生的错误译文,通过"保税区""经济技术开发区""中国商务部"等商贸组织名称翻译案例分析,帮助学生深刻认识到固有翻译工具和手段的局限性,并对本章教学内容产生求知欲。教师分析并指明:产生错误的原因是学生盲目采纳网络词典,未深入了解中国商贸术语所蕴含的中国经济体制、贸易政策和发展理念。改变学生依赖网络词典的翻译行为习惯,转变其浅表性翻译思维,培养其在翻译中积累和学习中国经济元素的意识。

(2)展示基于中国商贸内涵的翻译思路和方法。教师引导学生剖析中国商贸组织机构术语中所蕴含的中国经济制度和社会功能,并对比以英语为母语的国家的相似组织机构的名称,从而获取术语的真正内涵,为对外翻译积累原材料。

(3)点明对外翻译指导思想。基于具体实例剖析,帮助学生在具象经验的基础上形成正确的对外翻译指导思想认知,归纳中国商贸术语对外翻译的指导原则和策略,即在深入掌握中国经济体制、贸易政策和发展理念的基础上进行商贸术语对外翻译,并通过案例分析作业提高学生对该指导原则的认知。

(三)"中国文化词对外翻译中的问题及方法"课程设计

1.教学内容

"中国文化词对外翻译中的问题及方法"课程,以商贸对外交往中涉及的中国文化词对外翻译为主要教学内容,从以下3个层面切入思政教育。

(1)引导学生深入学习中国文化词所包含的中国传统文化底蕴、生活理念和生态智慧等多元信息,为外宣翻译做好信息原材料的积累准备。

(2)教导学生在语言转化时,正确认识中西方历史文化元素和思维模式的非对等性,在坚守中国自身意识形态的基础上,选择符合国际思维的外宣话语。

（3）讲解广为人知的中国文化外宣案例，提升学生对外传播中国文化的兴趣和意识。

2.课程育人目标

（1）培养学生用英语讲好中国传统文化故事的能力，包括运用英语准确表达中国传统文化概念的能力、选择既坚持自身价值观又符合国际受众认知模式的话语策略等。

（2）加深学生对中国传统文化、价值观、意识形态等方面的认知，包括深入学习中国传统文化和价值观，增进民族自豪感；感知中国与"一带一路"上的国家之间的文化共性与差异，提升文化自信。

（3）增强学生对外传播中国文化的意识，包括提升学生对外传播中国优秀文化的兴趣度，增强学生构建中国良好国际形象和营造积极国际舆论氛围的使命感。

3.知识点与思政教育结合的教学设计

图3展示了"中国文化词对外翻译中的问题及方法"课程思政教学设计思路。

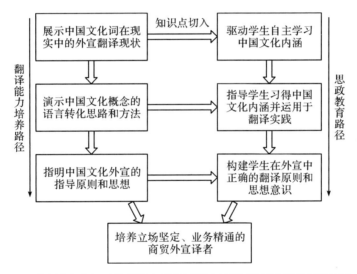

图3　"中国文化词对外翻译中的问题及方法"课程思政教学设计思路

（1）展示中国文化词在现实中的外宣翻译现状。教师通过展示学生熟悉的中国文化词英译问题，构建课程内容与现实生活的联系，引发学生共鸣。通过剖析著名旅游城市杭州的"长桥""白娘子""龙井问茶"3个典型文化词的翻译问题，挖掘问题产生的原因及造成的负面社会效应，提升学生对课程内容的探索欲。教师进而指明，产生错误的原因是学生依赖有限的个人经验和网络工具，没有深入了解术语背后的中国传统文化和思维模式，从而转变学生传统的翻译行为习惯和思维模式，将其深入中国传统文化的吸收和内化过程。

（2）演示中国文化概念的语言转化思路和方法。基于网络大数据资源对中国文化词的概念进行诠释和对背景信息进行剖析，帮助学生掌握中国文化词蕴含的传统优秀价值观、意识形态、历史元素等，对比英语文化中的相似概念表达，选择最能准确传递中国文且提升国际受众接受度的翻译表达。

（3）指明中国文化外宣的指导原则和思想。在文化词翻译案例评析的基础上，总结中国文化词对外翻译的指导原则和策略：在准确释义术语中国文化词传统内涵的基础上进行有效外宣翻译。学生通过作业练习，进一步加深对翻译原则的理解，增强学习中国文化的主动性和积极性。

三、特色及创新

第一，以研究导向型教学方法进行教学，使学生自主发现问题、解决问题和思考问题，提升学生在思政学习中的自主性。剖析现实外宣话语问题，帮助学生深刻意识到学习中国特色价值观、意识形态和社会制度的必要性，增强其思政学习的责任感。

第二，以任务驱动型教学方法进行教学，使学生充分掌握学习中国特色内涵的方法，加强其对思政的独立学习和应用能力。教师通过现场翻译方法演示和讲解，帮助学生熟悉中国特色元素获取和学习方法过程，并通过作业练习使学生对知识进行内化，并形成实践应用能力。

第三，归纳具体翻译方法的指导思想，构建学生在翻译中的正确政治立场。教师基于具体案例分析和方法讲解，进一步点明翻译的指导思想，使学生的翻译学习和实践沿着正确、健康的方向发展。

"二外德语(二)"课程思政微课设计

冯思敏[①]

一、基本信息

表1展示了"二外德语(二)"课程的基本信息。

表1 "二外德语(二)"课程基本信息

课程名称	二外德语(二)
课程所属学科门类	外国语言文学
课程类别	专业课
课程学分/学时	4/64

二、课程思政育人理念与目标

浙江工商大学秉承商科办学传统,坚持特色办学。学校坚持"专业成才、精神成人"的人才培养理念,构建了基于"文化引领、融合创新、一体多元"的人才培养体系,致力于培养具有国际视野、人文情怀、专业素养的应用型、复合型、创新型"大商科"人才。

遵循习近平总书记关于教育的重要论述精神,参照高校大学外语教学改革的总体指导思想,根据《大学德语课程教学要求》和《大学德语教学指南》等指导文件,结合本校情况,本课程的教学目标为:学生将会学习相关话题的词汇、句型和语法,通过罗列和梳理语言知识进行系统建构;培养学生用德语进行听、说、读、写、译的能力,以及跨文化交际能力;学生能够对话题材料和教材文本传递的思想和价值观进行理解、分析和反思,进而能够辩证地看待东、西方文化的异同,树立开放、包容、积极向上的世界观、人生观和价值观。

---

① 冯思敏,浙江工商大学外国语学院讲师。

三、课程思政元素与融入点

大学德语课程要落实立德树人的理念,应在教学全过程中有机地融入思想政治教育等育人元素,不仅传授学生德语语言文化知识,培养学生跨文化德语交际能力,更注重塑造学生正确的世界观、人生观和价值观。

本课程基于教材内容,以任务产出为导向,引导学生积极开展对单元主题的深入了解、学习和探讨,对比中、德两国在文化、文学、社会、技术等方面的异同;注重学生的自我体验和感悟,附以教师评价和育人引导。课堂设计通过增加生活实例,引入经典故事,追踪新变化新趋势,分析延伸教材知识内涵,提升教学方法的丰富性、互动性和合作性,培养学生的国际视野和文化自信,塑造学生的家国情怀和社会责任,发展学生健全的人格和智力,树立科学的认识论、方法论和哲学思想、辩证思维。

下文以本课程第9单元的教学设计为例(见表2),展示课程思政与语言知识的融合方式和实施路径。相应的微视频展示了本单元部分内容的课堂教学实录。

表2 "二外德语(二)"第9单元课程思政教学设计

课程专题/知识单元	专业知识点	专业知识点与思政点的融合	课程思政的实施路径与方式
第9单元	身体和健康 引子:人体器官和专科诊所。 主课文:看病就医三场景。 听力理解:在德国看病。 主题拓展:网络看病	了解德国新冠疫情期间的真实情况及相关政府措施,就抗疫情况进行中、德两国对比。尝试用德语讲述中国抗疫故事,使学生感受中国效率、中国力量和中国精神。 学习话题词汇,对比中、德两国看病就医的异同。提出保持健康生活的建议,使学生树立积极、健康、向上的生活态度	词汇思维导图:学生在小组里合作完成关键词"健康"的思维导图,梳理话题词汇知识。 图片描述:学生在小组内通过图片描述讲述中国普通人的抗疫故事。 视听说练习:观看地道的语言学习视频,了解和掌握在德国看病就医的过程和语言表达

四、课程建设及应用情况

(一)课程建设发展历程

"二外德语"课程是浙江工商大学外国语学院开设的一门专业选修课,开课已近20年。课程建设发展初期,主要是针对英语专业和商务英语专业的研究生,随后面向本科生、三本和专升本学生。课程建设稳扎稳打,逐步推进。后来随着学校和学院在发展定位方面的改变和招生规模的不断扩大,课程调整发展为面向英语专业、商务英语专业及全校专业本科生和研究生的外语类课程。

自2018年起,课程改革进入快车道。此前已完成课程教材《新编大学德语》从第1版到第2版的过渡,建设并制作完成本科阶段所有德语课程即"二外德语(一)(二)(三)"的课件和教案。随着浙江省教育厅印发的《浙江省高校课堂教学创新行动计划(2014—2016)》

的实施推进和改革落地,课程组汲取了许多改革优秀案例的思路和经验。在2018年校级课改项目立项后,进一步落实信息技术与课堂深度融合的探索和实践,在智慧树在线教育平台创建在线课程,于2019年下半年开展了一学期基于在线平台的线下课程,使用了平台的基本功能如签到、投票、点名、共享资料、测验等。2019年底突如其来的新冠疫情,迫使课程组在最短时间内熟悉线上授课功能,完善平台上的教学资料和试题库,进行了一学期线上授课。现阶段新冠疫情态势不断向好,目前学校的"二外德语"课程以线下课程为主、线上课程为辅。

(二)课程改革重点问题

"二外德语"课程线下课堂以面授为主,适当运用数字化教学工具,创新方式方法,有效提升线下教学活动的教学效果。基于以上教改目标,结合我国高等教育在新时期面对的新变化、新要求,线下课程亟待改革的方向是:重塑课程内容,创新教学方法,坚持以学生为主体。

具体而言,教学内容应体现时代性和前沿性,强调广度和深度;课程目标坚持知识、能力、素质有机融合,培养学生解决复杂问题的综合能力和高级思维,注重思政教育的价值引领作用;教学设计增加创新性、思辨性和合作性内容,合理"增负"。

坚持以学生为主体,一要以学生身心健康为中心,二要以学生参与为中心,三要以学生学习体验与经历为中心,四要以学生学习成果为中心。

除新时期大环境变化对课程改革的影响之外,课程本身存在的客观问题也需被重视。首先,"二外德语"是选修课,不是英语主干课程。如不是出于兴趣、考研、考语言等级、出国就业等刚需,学生不够重视课程学习。其次,德语学起来比大多数语种难,零基础的学生对德语学习有畏难情绪。部分学生对外语学习重在提升视野能力和人文素养这一内涵的了解和体会不够,重新开始学习一门新的语言容易成为负担。

(三)课程内容与资源建设及应用情况

本科"二外德语"课程在10余年线下传统课程建设和应用的基础上,结合后期开发的微课、线上学习资源和课程、在线学习平台课程内容和资料试题库等,已初步完成本科德语课程体系,由三大课程梯度、四大内容板块、五大核心能力、六大教学模块组成,从入门到高阶、从被动到主动、从知识到拓展来开展知识构建。

"德语(一)(二)(三)"这3门课学习难度递增,内容互相衔接,形成知识闭环。教学设计和实施有整体性和相似性,为学生提供完整和谐的学习体验。教学团队充分考虑各地区外语教学的差异,全阶段学习覆盖欧洲语言共同参考框架(欧标)A1—B1的基本内容,接轨国际标准,为学习者进行后续深造、研究或工作打好基础。课程主干教材为外语教学与研究出版社出版的《新编大学德语1》《新编大学德语2》(第2版),涉及德语语音、学习与生活、社会与文化和文学与人生四大板块,共16个单元。基于BOPPPS教学模型理论,每个单元由导入、学习目标、前测、参与式任务学习、后测和总结六大教学模块构成,旨在培养学生五大核心外语能力,即听、说、读、写、译。

完善课程体系中较重要的一环,就是建设本科阶段所有德语课程的教学设计、课件教案和任务练习。团队已经完成如下建设工作:软硬件设备的配置和升级,电子课件的制作和更新,团队合作型课堂游戏 Quizlet Live 试题库,语料库辅助教学,词汇思维导图小组活动,基于地道情景剧的视听说素材及配套练习,针对重点难点的单元总复习题,字谜游戏,词组配对、童话故事配对及角色扮演,小型写作工作坊,节日主题活动,等等。课程设计和资源在5年间,被不断更新迭代,以适应时代的变化和学生的需求。

(四)课程教学内容及组织实施情况

基于"二外德语"课程体系的总体教学原则,"二外德语(二)"为英语、商务英语专业大学三年级学生开设,是"二外德语(一)"的后续课。学生选课动机主要是兴趣、工作和考研需要。课程教学共16周,每周上2次,每次2课时。内容覆盖教材第1册的第6—10单元,每个单元上课时长为3个教学周。每个单元含6个模块:引子、课文、语法和练习、交际意向、听力、阅读。每个模块用时1—3个番茄钟(番茄工作法:25分钟为一个番茄钟,5分钟休息过渡)。在有些教学模块里,如引子、语法讲练、参与式学习等环节,一个番茄钟内要设置导入、连接、讲授、任务、讨论、拓展、总结等小番茄钟模块,使学生在"忙"中增加学习投入,在"变"中凝聚专注力。课堂氛围不能死气沉沉,也不能乱忙瞎忙,要通过教学设计,学生在模块过渡切换中让大脑不断归档、重启,真正落实让课堂活起来、学生忙起来、课程优起来、学习热起来。

(五)课程成绩评定方式

成绩评定原则为:以百分制计算总成绩,其中平时成绩占总成绩30%,期末考试成绩占总成绩70%。总成绩满分100分,60分即视为课程合格。平时成绩由出勤(20%)、课堂参与(30%)和作业任务(50%)构成。课堂参与占平时成绩的一半,主要观测点是课堂师生互动和生生互动,重点鼓励学生积极发言提问,参与小组任务,参加团队比赛。

(六)课程评价及改革成效等情况

针对以上课程改革问题,课程团队与时俱进,不断重塑课程内容,创新教学方法,坚持以学生为中心,取得了一定的改革成效。近几年,上课缺勤的学生少了,课上、课下提问的学生多了,课堂上不再出现学生低头睡觉、玩手机等现象。学生上课积极性高涨,课程复选率高。"二外德语"授课教师的学评教一直在学院名列前茅,多次在国家级、省级外语类教学比赛中获得佳绩,发表多篇教学改革论文,主持多项教学改革和研究项目。有学生愿意在结束本科德语课后,继续学习德语,并一直与老师保持联系;有学生获得了省级翻译大赛最高奖项,考取大学外语等级资格,高分通过"二外德语"研究生入学考试,进入德资企业实习工作;等等。学生经过刻苦学习收获的能力和成就感,是课程改革成功的最好证明。课程的学习经历给学生带来的正面影响和感悟,是对教师辛勤付出的最大安慰。

五、教学特色与教学创新

(一)融合专业育人

在实现外语课程语言教育功能的基础上,重点体现该语言所蕴含的文化价值观念和思想价值体系。外语的学科特点决定了学生可以通过学习中西方语言文化,取中西方文化之精华,拓展国际视野,培养思辨能力。课程致力于将大学外语的工具性和人文性有机结合,发挥育人功能,落实立德树人之观念。

(二)迎合时代变化

本课程设计契合了《大学德语课程教学要求》和《大学德语教学指南》的指导要点,迎合新文科建设、"金课"建设、课程思政、现代化信息技术与课堂教学融合等变化,对标理念新起来、课程优起来、教师强起来、课堂活起来、学生忙起来等要求。服务新时代国家对外开放战略和"一带一路"倡议,努力为国家发展战略培养和储备"一精多会、一专多能"的国际化复合型人才。

(三)坚持学生主体

本课程以学生身心健康、学生参与、学习体验感和学习成果为中心,无论课上还是课下,教师都为学生的身心健康、学习、考试、就业与发展等提供有效的指导与服务。学生是教学的合作者、参与者,是学习的主体,教师在教学过程中认真倾听学生的声音与诉求,让学生充分、深度地参与。教师注重提升学生的学习体验与经历,有助于其获取直接经验、增长实践知识与才干。立足成果导向教育理念,为学生提供长期的、周期性的、个性化的学习指导与服务。

"译德与译道:英汉互译"课程思政微课设计

郦　青①

一、课程基本情况

"译德与译道:英汉互译"为英语专业本科生三年级的专业课程。翻译涉及2种语言和文化,是在信(忠实)、达(通顺)、雅(优美)的基础上,用一种语言把另一种语言及其所包含的文化进行表达的一种语言活动。翻译是一种人类跨文化的交流活动,它的内涵十分丰富,其作用巨大。除了其语言价值之外,翻译具有极强的社会价值、文化价值和历史价值。翻译作为一种社会变革力量,肩负着文化交流和民族复兴的重大责任,而这正是翻译教学具有强大思政性质的真正原因。

要成为一名优秀的翻译工作者,首先,译者需怀有强烈的爱国主义情怀、强大的民族责任担当与文化传播的使命意识;其次,一名优秀的翻译工作者要具备严肃认真、一丝不苟的工作态度;最后,至少还需具备4种基本素质,即扎实的语言基本功、丰富的文化背景知识、基本的翻译理论和常用的技巧知识,以及翻译工具的运用能力。所谓的语言基本功,至少需具备3个方面的条件:一是较强的汉语阅读理解能力,尤其是古汉语的阅读理解能力;二是较强的外语阅读和理解能力;三是较强的翻译转换能力,尤其是汉英之间语言文化的转换表达能力。

鉴于上述原因,"译德与译道:英汉互译"课程的宗旨是:

(1)帮助学生建立正确的翻译观,踏实地理解翻译的本质、意义和作用,尤其是在中华文化"走出去"过程中的巨大作用。

(2)培养学生正确的世界观、人生观和价值观。

(3)努力提高学生英汉互译的技能水平,使学生针对各类文本体裁,能较准确、流畅地进行汉英、英汉双向笔译,为国家发展、民族文化传播和国际交流合作培养高质量的笔译人才。

表1展示了"译德与译道:英汉互译"课程的基本信息。

---

① 郦青,浙江工商大学外国语学院教授。

表1 "译德与译道：英汉互译"课程基本信息

课程名称	译德与译道：英汉互译
课程所属学科门类	外国语言文学一级学科
课程类别	专业课
课程学分/学时	2/32

二、课程思政育人理念与目标

本课程立足英语专业核心课程——"译德与译道：英汉互译"课堂教学，结合思政教育内容，实施思政课程改革。"译德与译道：英汉互译"是英语专业核心课程，目的是全面提升英语专业学生的翻译技能。本课程主要从翻译材料的选编和讲解、课后活动和校企合作实习基地等方面，融合思政内容。其主要目的有以下3点：

第一，结合课程思政要求，在传授翻译技能的同时，帮助英语专业本科生树立正确的翻译观、人生观，尽职尽力地为社会培养合格的翻译人才。

第二，提升英语专业学生感知汉语之美、学习汉语的能力，进一步加强文化自信，立足母语，为中国文化"走出去"打好坚实的基础。

第三，进一步完善本课程内容，努力把这一专业核心课程建设成省级线上精品课程。

本课程思政教学的主要意义在于：

第一，培养合格的翻译人才是新时代的迫切要求。2017年，习近平总书记在党的十九大报告中提出了"推进国际传播能力建设，讲好中国故事，展现真实、立体、全面的中国，提高国家文化软实力"的目标。一国文化软实力的提升需以该文化的广泛传播为前提，而为实现中国文化广泛且有效传播，国家翻译能力中的中外翻译能力，尤其是中译外能力发挥着基础性作用。

第二，基于当下大学生身心健康的现实诉求，在专业核心课程中融合时代要求，帮助本科英语专业学生建立健全的世界观、人生观、价值观和强烈的民族情感，十分必要和迫切。

第三，基于本核心课程建设的需要。

三、课程思政元素与融入点

翻译作为一种语言活动，是桥梁，是媒介。在政治、经济、外交、军事等领域，翻译都起着不可或缺的作用。本课程的特点是：翻译理论讲解和课后翻译实践操作密切结合，教师课堂讲解和学生课后训练相配合。立足于课程自身强大的思政内涵，每一次课堂讲解和课后训练中都包含了浓厚的思政内容，教师针对各种翻译技巧的训练，结合本课程的时代意义和课程要求，积极有效地对各种翻译材料进行甄别，选出合适的原文，融入课后练习和课堂讲解中。

培养什么样的人，是教育的首要问题。在2018年召开的全国教育大会上，习近平总书记站在党和国家事业发展全局的战略高度，指明了教育工作的根本任务、教育现代化的方向目标，即"培养德智体美劳全面发展的社会主义建设者和接班人"，明确了培养社会主义建设者和接班人6个方面的重点任务：坚定理想信念，厚植爱国主义情怀，加强品德修养，增长知识见识，培养奋斗精神，增强综合素质。结合英语专业本科学生的特点，本课程教学拟从以下几个方面践行习近平总书记的育人原则。

（一）译德养成

1.厚植爱国主义情怀

（1）把翻译事业和爱国情怀相结合。选择严复、陈望道等爱国翻译家讲解翻译的作用、意义等。

（2）培养文化自信。通过汉英语言对比，讲解汉语之美和汉英翻译中的转换关系。

（3）正确认识和理解国家与国际关系，居安思危，发愤图强。从国内外时政中选择翻译材料，涵盖政治、经济、军事、历史等内容，讲解国内外政治、经济形势。

2.坚定理想信念，加强个人美好品德修养

（1）秉持认真做人、认真做事的态度。从翻译的标准出发，在翻译实践基础上讲解一个优秀的翻译工作者需具备的认真、一丝不苟、严谨的治学态度。

（2）正确面对人生中的挫折与失败。从翻译的不可译性和可译性出发，讲解失败的意义及其对成功人生的意义。

（3）正确处理人际关系，建立豁达、宽容、与人为善、热心助人的性格，不拘小节、立意高远的宏大视野。选择人生品格养成各个方面的材料进行翻译练习，以践行习近平总书记所强调的"人无德不立，育人的根本在于立德"[①]的理念。

（4）培养感受自然界一切永恒和美好事物的能力。从中西方经典作品入手，引领学生感受一切美好和永恒的事物，因为一个健全的人生，首先需要拥有一个健全的身心。

（二）译道培训

1.增长知识见识

以英汉语言对比研究为基本授课方法，教授基本的翻译发展史、翻译理论和翻译方法，课后配备大量的翻译练习，加以巩固；建立微型翻译工作坊，互相切磋，探讨翻译之路。

---

① 2018年5月2日，习近平总书记在北京大学和师生座谈时指出"人无德不立，育人的根本在于立德"。

2.增强综合素质

围绕翻译技能,举办丰富多样的校内活动;带领学生深入翻译现场,感受真实翻译;派送学生实地参与翻译公司和外资企业翻译实践,如大型会议同传观摩;远程参与实习单位资料的翻译工作;等等。

表2展示了"译德与译道:英汉互译"课程部分单元内容与思政元素相结合的授课内容。

表2 "译德与译道:英汉互译"部分课程思政教学设计

课程专题/知识单元	专业知识点	思政元素	专业知识点与思政点的融合	课程思政的实施路径与方式
课程概论	翻译的定义、本质和意义	爱国情怀	翻译的巨大作用和伟大意义	授课,配视频、图片、人物故事等
汉英语对比	汉英语的差异	汉语之美、文化自信	汉英语之间四大差异	教师课堂授课,学生课后搜集相关资料
词语翻译	一词多义、词语准确性	中西方语言差异,保持汉语纯洁的责任,发展汉语	理解准确在翻译中的重要性——优秀翻译工作者应具备的认真态度	严复《天演论》开头片段:课后练习＋课堂讲解
长句翻译	断句、增译技巧	汉语学习的重要性	立足母语,放眼世界,讲好中国故事	朱自清《荷塘月色》和史蒂文森《不断延伸的地平线》:课后练习＋课堂讲解
翻译技巧	词类转换 省译 被动语态翻译	从国家历史及"二战"背景出发,谈国之兴盛	20世纪五六十年代国际政治经济背景知识对理解原文和译文表达的作用	课后练习＋课堂讲解:肯尼迪大选、夏衍《野草》
翻译技巧	反译 增译 重复翻译	古代文学家的爱国情怀	古代文学作品的阅读和理解能力对翻译的影响	课后练习＋课堂讲解:欧阳修《醉翁亭记》
诗词翻译	诗词翻译技巧	文化自信、如何正确面对人生的挫折和失败	诗词翻译的不可译性,成就了翻译的挑战性	李清照词英译、李白、苏轼诗歌翻译:"课后练习＋课堂讲解"
散文翻译	翻译的衔接和连贯	美好品格的养成	从散文中感受做人、做事的原则	《垃圾车规则》《人生最幸福之时》《交换》等:课后练习＋课堂讲解
时政翻译	断句和重组	国际政治、国家强盛理念	对政论文逻辑关系理解基础上进行断句和重组	《大西洋联盟》,"和平与发展是时代的主题","学习强国"中"习大大说"英文栏目句子翻译,《习近平治国理念》中英双语版

四、教学设计与教学实施

结合目前高校英语专业本科生的教学情况,翻译方向人才培养存在以下几个方面的问题:一是部分学生专注于学习成绩,对人格品性方面培养不够;二是英语专业学生的汉语水平普遍不容乐观;三是对翻译的认识不够,包括对语言的作用和翻译真正的意义了解不够深入;四是校企合作不够紧密,学生进入社会后,其翻译实践能力相对薄弱;五是高校翻译课教师多侧重传统的授课手段,囿于课堂讲授和课后练习,较少运用其他教学手段,如翻译大赛、配音比赛、演讲辩论赛等,未能有效地将课堂教学和社会实际需求相结合。

鉴于此,"译德与译道:英汉互译"课程坚持把学生美好品行的养成、汉语阅读理解能力和英语表达能力的提升、翻译实践能力的提高结合在一起,在每一次课堂教学中把做人、做事、做翻译融合起来进行讲授。培养样的什么人是教育的首要问题。结合英语本科生翻译教学经验和"英汉互译"的教学实际,"译德与译道:英汉互译"课程的教学目标如下:

(一)译德养成

1.厚植爱国主义情怀

(1)把翻译事业和爱国情怀相结合。如前所述,晚清著名翻译家、思想家严复在国家艰难困苦的历史时期,毅然决然放弃船舶专业,投身于翻译和教育事业,立志通过翻译《天演论》《原富》等著作,革新时人思想,奋起改革,救国家于水深火热之中;著名翻译家朱生豪,在得知我们国家还无人翻译莎士比亚作品后,毅然承担起了这一漫长而艰巨的译著工作,直至生命尽头;为改革旧制度,传播真理,陈望道先生不畏艰辛,夜以继日地翻译、出版了中国第一部中文版《共产党宣言》,对当时马克思主义传播和中国革命产生了巨大影响。这些翻译家可歌可泣的动人事迹,以及其中所包含的爱国主义情怀,始终贯穿于本课程的整个教学过程,尤其在讲解翻译实例和中国翻译史时,将着力进行宣讲。

(2)培养文化自信。做翻译一定得学好汉语,立足汉语本身。这需要教师在课堂上深入浅出地讲解汉语自身特点。有学者开宗明义地指出,汉语是翻译的天花板。汉字作为世界上独特的表意文字,与西方表音文字相反;汉字集音、形、义于一体,与西方文字音义结合完全不同;汉语言作为意合语言,与西方形合语言也不同。汉语在词法、句法、篇章上的独特性,造就了中国成为诗歌大国的最大优势。20世纪初美国诗歌界发起了著名的意象派诗歌运动,其先驱庞德(Ezra Pound)正是受了象形表意的汉字和充满意象的中国古代诗歌的深刻影响,决心革新,才举起了美国英语诗歌改革的大旗。在教授各种文本翻译,尤其是中国古典诗歌翻译理论时,汉语特点和汉语优势是其中不可或缺的内容。一方面是出于翻译实践所需,另一方面是为了培养学生树立文化自信。每次讲到汉语的美,总忘不了告诉学生,作为中国人是多么令人骄傲。

党的十八大以来,习近平总书记提出的"文化自信"强国战略包含4个方面的内容:一是对本民族文化的自信;二是正确处理传统文化和现实文化的关系;三是正确对待不同国家和民族的文明;四是文化的弘扬和传播。"文化自信"信念的确立,必将带来学术研究范式的转型,从根本上看,就是改变学术研究的立足点,由100多年来的"由西向中"变为"立中观西",从中国文化出发来观察世界文化,由此推动新的世界文明的建立。在对文化自信的4个解读中,每一个都和翻译密切相关。

习近平曾对"文化自信"做过强有力的阐释和强调:"体现一个国家综合实力最核心的、最高层的还是文化软实力,这事关一个民族精气神的凝聚。我们要坚持道路自信、理论自信、制度自信,最根本的还有一个文化自信。"①这实际上是把文化自信放在著名的"三个自信"之上,处在国家实力最底座位置上。这个论断必将对中国各方面事业的发展,尤其是中国高等教育的发展,产生广泛而深刻的影响。本课程将以文化自信为激励,在教学中不断深化文化自信,尤其是在讲解汉英语言对比时,让这一理念深入学生的内心。所谓"知己知彼,百战百胜",只有透彻了解汉语和英语的特性,尤其是汉语的独特性,才能更好地为翻译实践服务。年轻学子肩负着国家发展的重任,一定要有民族意识、责任意识。这其中就包含着要学好汉语。不然如何做翻译? 以译者之昏昏,如何使译文和译文读者昭昭? 如果对本国民族优秀的文化都不闻不问了,又如何谈创新和发展?

(3)正确认识和理解国际关系,居安思危,奋发图强。鉴于英语专业本科生普遍对时事了解不够的事实,我们在课程中将着力增加一些包含国际重大事件的篇章进行翻译练习。如翻译"肯尼迪总统竞选演讲稿",引导学生查找国际时代背景、美苏中三国之间的关系等,让学生对各个历史时期,我们国家所处的世界地位有一个清晰的了解,从而激发他们的爱国情怀和为国家富强而奋斗的决心。对翻译实践来说,也只有在深入了解背景知识的基础上,才能较好地完成本篇章的翻译。

2.坚定理想信念,加强个人美好品德修养

要培养德智体美劳全面发展的社会主义建设者和接班人,必须在教学中努力培养学生树立正确的世界观、人生观和价值观等,围绕德、智、体、美、劳5个方面全面展开。具体到翻译教学中,可以努力培养学生以下几方面的品德修养:

(1)秉持认真做人、认真做事的态度。要做好翻译,必须在透彻理解原文的基础上才能进行;而这需要学生拥有认真的做事态度。严复《天演论译例言》里有一句非常著名的话:"一名之立,旬月踟蹰。""名",即翻译。"旬",意为10天。"踟蹰",意为心里犹豫,要走不走的样子。也就是说,做翻译,常常因为一个字、一个词组或一个句子而犹豫不决。想翻译成这样,好像不对,翻译成那样,又不够达意,字斟句酌,很难下笔。这句话至少包含了2层意思:一是做翻译不是件容易的事。好的译文需要译者苦思冥想、殚尽竭虑,做翻译就要做好吃苦耐劳的准备。世界上没有唾手而得的成功,成功路上必定付出了无数艰辛的

---

① 2014年全国两会期间,习近平参加贵州代表团审议时的讲话。

汗水和心血。二是做翻译必须认真。认真是翻译必备的工作态度,也是我们必须具备的人生态度。翻译的第一要素是"忠实"。翻译者要尽最大可能把原作以译文的形式奉献在读者眼前,所以,必须要字斟句酌,而不能应付了事。

(2)正确面对人生中的挫折与失败。翻译是没有标准答案的;也就是说,对于译文而言,没有最好,只有更好。葛浩文是美国著名的汉学家,他翻译了莫言的许多作品,是莫言获诺贝尔文学奖的"大功臣"。葛浩文说,他热爱翻译。但译者永远都达不到让自己满意的境界。不可译是绝对的,但恰恰因为不可译,我们尤其要敬畏原作和原作者,敬畏翻译,敬畏文字。翻译与生俱来的这种无限性,成就了翻译本身巨大的挑战性和无限的魅力。这也是一代一代的翻译者前赴后继、上下求索的乐趣所在。同样,人生也会遇到挫折和失败。挑战失败,挑战人生的无限可能性,就像挑战不可译的翻译一样,充满了奋斗的乐趣。党的十八大以来,习近平总书记多次提到,"幸福都是奋斗出来的,奋斗本身就是一种幸福"。这在翻译实践中也体现得淋漓尽致。本课程为学生提供一些哲理散文,如梭罗的关于"高层次"人生理想追求,培根的《论读书》,朱自清的《荷塘月色》,等等,让学生领略这些篇章的奋斗精神,并在艰苦卓绝的翻译实践中体会砥砺前行的翻译精神——翻译如人生。

(3)正确处理人际关系,培养豁达、宽容、与人为善、热心助人的性格,不拘小节、立意高远的宏大视野。《礼记·大学》说:"大学之道,在明明德,在亲民,在止于至善。"习近平总书记还强调说:"人无德不立,育人的根本在于立德。"[①]这是人才培养的辩证法。高校教育要真正做到以文化人、以德育人,不断提升学生思想水平、政治觉悟、道德品质、文化素养,做到明大德、守公德、严私德。本课程选择了以下包含人生品德养成的语料,作为翻译实践的材料,如"垃圾车规则"(英译汉材料,主要探讨人与人之间应多一分宽容和祝福,少一分埋怨和指责)、"人生最幸福之时"(英译汉材料,主要涉及正确的爱情观)、"交换"(英译汉材料,主要讲述人生道路上点滴的温情时刻)等。

(4)培养感受自然界一切永恒和美好事物的能力。古人说:"师者,人之模范也。"教师应更好地承担起学生健康成长指导者和引路人的责任。健全的人生,需要拥有一个健全的身心。感知美好,是我们能感受人间一切美好的基础。本课程从中西经典作品入手,引领英语专业本科生感受一切美好和永恒的东西,如欧阳修《醉翁亭记》对官民之间、人和自然之间、四季之间各种和谐现象的描绘,如剑桥大学800年校庆纪实中对知识的敬畏、前人研究的宝贵、逻辑思维和学习研究能力的崇尚等,是翻译教学中需要详细解读、学生需要细细品味的好作品。

(二)译道培训

1.增长知识见识

社会主义建设者和接班人,既要有高尚品德,又要有真才实学。"玉不琢,不成器;人不

---

① 2018年5月2日,习近平总书记在北京大学和师生座谈时指出"人无德不立,育人的根本在于立德。"

学,不知义。"知识是每个人成才的基石,在学习阶段一定要把基石打深、打牢。翻译作为英语专业的必修课,教师必须要在自身大量的翻译实践和理论掌握中传授系统的专业知识。授人以鱼,不如授人以渔。翻译是2种语言之间的转换,不仅涉及2种语言,更涉及2种语言所包含的历史、政治、经济、文化等方面的内容。本课程授课教师的工作包括:(1)以英汉语言对比研究为基本授课方法,教授基本的翻译发展史、翻译理论和翻译方法,如中国译学理论"信达雅""重神似不重形似""化境说"等,翻译方法如直译意译法、增译法、省译法、词类转换法、音译法、加注法等。所有这些理论和方法都将辅以大量的翻译实例。(2)课后配备大量的翻译练习,加以巩固。批改作业,努力发现问题,在课堂中讲解。(3)建设网络平台,提供丰富的翻译材料。(4)成立微型翻译工作坊,解答专业疑难问题。

2.增强综合素质

产学合作、协同育人。翻译是实践训练的课程,必须和社会实际需求紧密结合。本课程积极派送本科学生参与翻译公司和外资企业的翻译实践训练,参与实习单位翻译工作,让学生在实践中感受翻译的魅力并接受挑战,从而激发学生学习翻译、提升翻译技能的内在需求,更有效地学好翻译。

以上思政内容贯穿在课堂内外的每一个教学步骤中。

本课程在教学过程中持守传统的"博学之,审问之,慎思之,明辨之,笃行之"教学理念,引导学生对一些语言、社会文化背景问题进行深入思考,以译德为基础,译道为辅助,努力培养符合新时代发展的优秀翻译人才。其具体教学过程如下:

一是课堂导入。讲解课后作业和翻译技巧,结合其中的思政内容。

二是新知识讲解。讲解翻译理论、翻译技巧、词语、长句、段落和语篇翻译和文体翻译(文学翻译、政论文翻译)。

三是课堂练习。结合课堂讲解的知识点设计课堂练习内容,当堂讲解,以巩固新知识。

四是课后作业。课后作业分小组进行。作业完成的具体要求是:

第一,每个学生每周须完成教师布置的课后翻译练习;

第二,小组线上互改,并写出评语;

第三,小组线下讨论,对本次作业的重点、难点和翻译内容写出译后心得;

第四,小组上交作业,由教师批改后于课堂讲解。

五、教学成效与教学反思

本课程实施效果较好。学生在经过一学年的学习后,其翻译水平大大提高了。学院研究生录取比例逐年上升,其中90%以上的学生考取的是翻译方向硕士生;考取的大学中,国内的有北京外国语大学、上海外国语大学、南京师范大学、厦门大学,国外的有剑桥大学、巴斯大学、曼彻斯特大学等;有准备去攻读博士学位的学生,有在读博士生和已毕业博士生,有正在进行博士后学习的;更为可贵的是,学生不但认识到了汉语的独特美,更是大大增强了他们作为中国人的自豪感,激发了他们的家国情怀和文化自信;通过学习,学生认识到翻译绝不只是翻翻字典,把汉(英)语转换成英(汉)语,翻译具有无与伦比的重大意义;同时学生认识到做翻译需要具备认真细致、追求至真至美的态度。在翻译中,学生体会到了人性的各种美好和丑陋,体会到了人生的美好和艰辛,也学着让自己变得更为包容、热心、豁达。这从学生的心得体会中可以感受到,也让授课教师甚感欣慰。

但本课程依旧存在某些不足之处:一是时间不够充分。翻译作为一门重要的专业必修课和英语专业学生必须掌握的技能,仅用一学年的时间来学翻译往往不够。二是教师需要进一步加强自身修养,获取翻译本领,在"译德"与"译道"方面更出色地引导学生,培养德才兼备的翻译人才。

"译德与译道:英汉互译"课程自2019年获批校级课程思政课程建设以来,获得了学生的高度认可。以下选取2017级3名学生的课程心得,作为教学成效的部分体现。

翻译不只是一门学科

1703班　陈佳丽

大三才接触到翻译学,也才真正认识了郦老师这样一位好老师。

初识郦老师是在上学期,她推荐我们班去听浙江昆剧团的宣讲。那次宣讲会上,大家都在认真聆听,欣赏艺术,更有同学上台体验戏剧之美。当时就很感激这位郦老师,告诉我们这样一个机会,去近距离了解中华传统文化之精粹。那次宣讲会,不仅让我们增强了民族文化自信,更是让我们深刻领悟了"对传统文化最好的保护就是传承"的理念。

在第一节课上,郦老师就带给我们许多惊喜。她提出了一个我没想过会难以解答的问题:"为什么'师范大学'的翻译是'normal'university?"大家着实苦恼了一番,郦老师才肯揭晓答案——normal的名词是norm,标准、规范的意思。"学高为师,正身为范",教育就是要教书、育人。我想郦老师一定就是如此要求着自己的。

在展开讲述具体的翻译理论前,郦老师介绍了几位著名翻译家,如严复、鲁迅、傅雷、陈望道等等。他们在重要的历史时期让生活在水深火热中的中国人民放眼看世界,让瞧不起中国人的西方世界开眼看中国。如今回想起来,郦老师的每次课堂都贯穿、渗透着爱国主义、民族情结,无形之中提升了我们的文化素养和政治认同感。

在课堂上,除了讲授纯粹的翻译理论,郦老师更多地是在分析原句背后的含义、思想背景,让我们学到更多的人生启迪、精神力量。举个印象深刻的例子,有一个翻译的片段,讲的是一个人在20岁、30岁及期盼40岁时的不同人生感悟,从"出名要趁早"到"只希望和自己的老板一样有钱"。瞧着这看似简单的中文原文,提笔就想直译,然而这背后大有学问。听完郦老师引人深思并结合实际的分析后,我们对原文作者的看法都截然不同了。这并不是一个颓废的中年人说的话,而是一个经历了奋斗与拼搏最后和现实做了一点妥协的普通人。我们还年轻,就要想想"出名要趁早",不拼搏一番怎么能知道自己能达到怎样的高度呢?简单的一句话,暗藏着的人生哲理还真得靠老师的启发与引导。这正是郦老师的本领所在。以小例子见大道理,郦老师以她的亲和力、感染力,让同学们喜闻乐见地愿学、爱学。

每周我们都会有翻译作业,或多或少或难或易,郦老师都会在下周的课上对译文进行深度解析。做翻译作业时,一句话、一个词都要斟酌一番,通过郦老师要求的自主查阅资料、积极小组讨论,我们从实例中、相互学习中学习翻译实践。课堂上,郦老师更是采用灌输式与启发式结合的教育方式,在介绍翻译理论和分析翻译实例时,引导我们发现问题、思考问题和分析问题,自己得出结论。郦老师结合亲身经历的解说,让我们懂得了许多人生哲理、养成与人为善的优秀品质和坚定理想并为之努力奋斗的人生态度。对于翻译,我们也要有"工匠精神",翻译无标准答案,所以要精益求精,尽善尽美。对于生活,我们要踏实严谨,吃苦耐劳。处事时,多在自己身上找问题,用对心、用对情,自觉践行美好道德品质。

在"译德与译道:英汉互译"课程中,我们看到郦老师将自己的师德师风充分体现在外语教学实践上,以德施教、育人育心,为我们带来了非同一般的翻译课堂感受。

译德育人,春风化雨

1703班　许博文

在"译德与译道:英汉互译"课程教学中,郦老师不是简单地传授有关翻译的专业知识,而是将"以德树人"的教育理念贯彻整个课程,通过课堂和作业传达正确的人生观、价值观。通过学习该课程,我收获颇丰。

首先,学习该课程增强了我的爱国主义情怀。郦老师常会在上课时讲述翻译家可歌可泣的动人事迹。其中,让我印象最深的是陈望道先生的事迹。陈望道先生在翻译《共产党宣言》时,由于过于投入,竟将粽子蘸着墨汁吃了。对陈望道先生而言,那墨汁是甜的。这也让我明白了,原来,信仰也是有味道的,信仰是甜的。正因为这种无以言喻的精神之甘、信仰之甜,无数的革命先辈才情愿吃百般苦、甘心受千般难。为实现中华民族伟大复兴,我们应具备陈望道先生那样坚定的信仰并奋发努力。

其次，在"译德与译道：英汉互译"课程学习中，我更深切地感受到了汉语言的魅力。汉语言可以不受到语法的限制，以最为精炼又最优美的语句来表达。就拿王佐良翻译的《论读书》来说，他以最地道的中文进行翻译，在我看来，他的译文甚至超过了原文的水准。其实，作为外语学习者，我们理应肩负更大的责任。我们学习外语的最终目的是服务母语。只有学好外语，我们才能更好地了解其他国家，做到"知己知彼"。同时，学好外语也有助于中国文化以更自信的面貌走出去。记得郦老师说过，汉语是外语学习的天花板。这启示我们：在学习外语的同时，也要注重提升自身的汉语素养。

最后，我认为我在该课程中的最大收获就是提升了自身品德修养。郦老师高度重视"以德育人"。无论是课上材料、故事，抑或是课后作业，都是老师精心挑选准备的，每一篇都给予我们以人生启迪和感悟。我最有体会的是其中的2篇。一篇是《垃圾车法则》，该短文教会了我宽容待人的品质。生活中我们不要将自己的不好情绪随意地发泄在别人身上，并且，当他人向我们倾泻"垃圾"时，以一颗包容之心待之。如此一来，我们的生活就会变得更加美好。另一篇是论述人生中困难的哲理性散文。以前，我惧怕生活中的困难，但当我翻译了这篇文章后，我深刻地认识到，我应该以一种积极乐观的心态看待困难。其实，困难就像生活的调味料，我们必不可少；正因为有了它，我们的生活才会更多姿多彩。

综上所述，我认为该课程是在专业课程中巧妙融合思政教育的典范，让我们在提升专业素养的同时也提升品德素养，完美地诠释了何为"教书育人""以德树人"。

内外兼修　立德树人

1703班　钱子涵

在深入贯彻立德树人、课程思政的当今时代，在大三开始的英汉互译课堂上，郦老师以身作则地为我们示范了如何将思想政治教育融入专业文化教育当中，引导我们将所学到的专业知识和技能转化为内在的德行和素养，从而培养担当民族复兴大任的时代新人。而有幸作为该课堂的一员，我也从开课伊始即感受到了这门课在授课方面和其他课程的不同之处。下面为个人对此的感受一二。

翻译，是与外界沟通的桥梁，是将全世界人类文化联系起来的通道，是复兴民族、振兴国家的催化因子，它要求我们不仅要具有过硬的语言功底，更要有大量的实战经验，因此多加练习必不可少。但在此之前，我们常常忽略的一点是，翻译作为一门人文学科,极大程度地受道德约束,且其中蕴含的精神,以及我们想要向世人传递的内涵,在落实翻译之前就要做到心中有数。而这样的翻译精神,郦老师在前几节课上就向我们做了深入强调。区别于功利化的"机构式"教学——开篇即进行知识、方法的大量灌输,郦老师在课堂上潜移默化地对祖国下一代接班人的内在进行熏陶和培养。例如在前2节课上,郦老师为我们介绍了中国翻译发展史,并且着重列举了几位爱国翻译名家——严复、朱生豪、陈望道、傅雷、鲁迅等。通过讲述他们可歌可泣的翻译救国的故事及他们所坚持的翻译理论,我们不仅了解了翻译行业在我国的整体发展格局和一些前人不断摸索完善的翻译方法,更培养了自身的爱国情操,以及向他们看齐,加入这支力量来为国家、为传播民族文化做贡献的深切愿景。这对于培养我们对这门课的兴趣、对专业的喜爱,乃至对该行业的向往、如何成为一个合格的大写的"人"都必不可少。

在接下来的几堂课中,郦老师为我们展示了大量英汉语言之间的对比。如:汉语以意驭形,英语以形制意;英语有静态化倾向,而汉语较为灵活;等等。"汉语是翻译水平的天花板。"只有熟练掌握2种语言,并熟知各自的特点,才有可能做好翻译。因此,对汉语特点的介绍、通过对比原文译文来领会汉语独特的美,也是进入翻译领域的重要一环。如一个冗长复杂的英文句子,译文只有简短的几句话,有时还富有节奏美和音韵美,却同样完整地表达了作者的意思。通过郦老师生动且深入的阐释,我逐渐领会到汉语作为独立于印欧语系之外的一种语言,具有极强的灵活性、适应性和包容性,不但在形式上没有严格的限制,而且内涵丰富,从而让人不禁感叹先辈们伟大的智慧和创造力,大大激发了我们的民族自豪感,提升了我们的文化自信,更给予我们一种民族责任感,即要学好汉语,为翻译服务,为国家和人民服务。

课上积累的翻译技巧、通过对比赏析获得的翻译感悟,在课后通过实际训练而内化成自己知识的一部分。在郦老师所给的翻译材料里,有关于幸福与人生苦难的探讨,有关于情绪消化与处理的体悟,有从剑桥大学演讲稿窥见世界顶尖学府的气量,有从肯尼迪总统竞选发言悉知历史知识与大国关系。做一名合格的译者,不仅要翻译文章的语句,更重要的是透析文章的内涵与背景。因此,译者在翻译之前可能需要做大量的准备工作,如通过查阅资料、文献来了解篇目时代背景、人物等的关系,只有这样才可能真正做到忠于原作。而郦老师不仅培养了我们这一良好的翻译习惯,更是培养了我们严谨认真做学问的态度。翻译这门学科的"触角"可以伸向任何一个领域,因此查阅资料的过程何尝不是为自己的知识宫殿添砖加瓦的过程?除此之外,翻译中的阅读过程也在塑造着我们的人生观、价值观。因此好的翻译材料,正如这门课所给的材料内容,也指引着大学生培养正确的三观,做德智体美劳全面发展的社会主义建设者。

大学是祖国未来建设者、接班人的摇篮,课程是教育思想、教育目标和教育内容的主要载体,翻译是一门需要专业技能,更需要译德、译道培训的人文主义学科。将思想教育和政治教育融入当代高校课堂中,全面发挥课堂是教育的主渠道、人才培养的主阵地的作用,对个人人格的完善、人生的发展起到更好的促进作用,为国家输送更多有才、有德的高素质人才。

"和谐政教:中国古代的政教关系探索"课程思政微课设计

李　晶[①]

一、基本信息

表1展示了"中国政治思想史"课程的基本信息。

表1　"中国政治思想史"课程基本信息

课程名称	中国政治思想史		
课程性质	专业选修课	授课对象	哲学系学生
微课章节名称(3个)	(1)中国传统宗教与和谐社会的构建	(2)《沙门不敬王者论》中的政教关系	(3)中国化宗教的特征

二、教学设计

(一)切入课程思政的课程知识点

(1)中国早期宗教在建立之初就强调致力于贡献社会、济世利民,而非纯粹的个体修行和来世追求。中国宗教的精神,总是有劝人向善、积极进取的理论面向,而绝不是一味地超尘出世、追求超脱。这种肯定人生价值及入世事功的态度,是有中国特色的人文理性和现实关怀的直接体现,也是中国的土壤让中国宗教的价值更加具有普世精神的体现,这是我们中华文明对于世界文明的一大贡献,也是我们对传统文化自信的来源。更为重要的是,在各种虚无心态、躺平主义等消极文化风行的现代社会,传统宗教的这种品格也在启示着我们,只有在对国家和社会更大的贡献中,才能找到我们人生的价值、奋斗的方向,以及安身立命之所在。

(2)中国早期宗教注重配合政府的施政和管理,共同发挥稳定社会秩序,教化善良风

---

① 李晶,浙江工商大学东方语言与哲学学院副教授。

俗的作用,不会刻意强调神圣与世俗的对立而让宗教组织成为对抗政府的反动力量。中国历史上政教主从型的"神辅政治"就是其中一个理想的典范,它在维系宗教自由的基础上,充分引导宗教发挥其自身的特殊价值,为社会道德建设做出了贡献。在很多其他国家,爱国和爱教的关系总是随着历史的变迁而时断时续,但在中国,爱国与爱教之间的关系几千年来早已融为一体,延绵不绝。因而,坚持推动宗教中国化,本身是具有科学性的,且顺应了宗教自身传承与发展的规律;同时,它也使得政治和宗教能够相得益彰,创建出和谐共融的社会局面。

(3)中国宗教历来具有宽容的传统,注重彼此间的相互了解和对话合作。儒、佛、道3种宗教相互借鉴,发扬各自的理论品格,塑造出中国宗教文化既有超越的形而上特性,又处处落实在日常生活之中的现实情怀,因为儒、佛、道合流的一大结局,就是3种宗教的世俗化,它从远离人情物理的虚寂、悬远的世界,回归到充满人情意味的尘世之中,这种神圣与世俗之间的和谐张力是其他宗教并不具备的。而3种宗教分工合作,使得"以儒治世,以佛治心,以道治身"的理念,不仅成为很多文人士大夫的处世哲学,更在很大程度上反映了中国传统文化中和圆融的理性气质和开放包容的人文情怀。

(二)思政教育的课程目标

(1)借助论述中国传统宗教的入世精神,让学生树立服务社会、以天下为己任的责任意识,以对抗当下的虚无主义、躺平主义等消极的人生价值观念。

(2)帮助学生了解优秀的中国传统文化和传统价值,通过中西方之间的对比,在突出中国传统宗教的宽容和谐品格的同时,亦增强了学生的文化自信。

(3)帮助学生了解统一的政府管理、稳定的社会秩序的必要性。

(4)帮助学生了解社会和谐的重要性,帮助其建立相互体谅了解、同情互助的道德品格。

三、特色及创新

(一)中西对比

本次课程试图比较中国宗教的宽容和追求合一的精神,以及西方宗教惯有的极端主义倾向所引发的各种宗教冲突,以凸显中国传统宗教的优越之处,增强同学的文化自信。同时,比较中西宗教对于政教关系的不同理解,凸显中国宗教协助政府管制和稳定社会秩序,与西方宗教与世俗政府争夺权力、加剧社会动荡的不同,以凸显和谐的政教关系的重要性。

(二)拨乱反正

改变传统宗教作为消极愚昧的社会力量的印象,论述了中国传统宗教在正确的引导之下,如何转变为积极的社会稳定力量。

（三）源远流长

向学生介绍中国宗教传统的源远流长。早在千年之前的汉代，就有非常完备的、富含人文价值关怀且在现代社会里仍有其特殊意义的宗教论述，以增强学生对于中国文化、中国历史的自豪感。

四、教学过程

首先，向学生介绍早期道教经典《抱朴子》外篇中的济世利民、关心民众福利、注重民众身心修养等非常具有儒家色彩的论述，让学生了解早期宗教中儒道思想相互融合的特征；同时向学生介绍这种积极入世的、而非一味追求超尘出世品格是中国宗教非常突出的特征；体现出传统中国文化充分的民本理念和人文价值关怀。儒家文化认为，"文"以人为本位，"人"以"文"为本性，强调在人与自然、社会、人际和人自身心灵的诸关系之中，完成合乎中节的协调，这正如周易所说的"观乎人文，才能化成天下"。正是在这样的基础上，儒者的忧国忧民的忧患意识总是非常突出，对于国家生存和苍生疾苦，对于个体和整个人类的价值归宿，都表达出充分的关切。早期道教经典，例如在著名道士葛洪的《抱朴子》里就有说道："欲求长生者，必须积善立功。"与之类似，中国历史上许多佛学大师也都强调，用治国养民的入世事务来体现佛教的出世主张，让中国的佛教更多地走向"普度众生"的济世方向。这是中国化佛教对于世界佛教的重大贡献，所以中国的佛教要求佛教必须要能面向人生、服务社会、进德修道，做到缘起与空性的统一，以及自利与利他的统一，而绝不是另求清净世界。

其次，向学生介绍中国东晋净土宗初祖慧远大师《沙门不敬王者论》一文，让学生了解中国宗教人士对于政教关系的理解与西方是极为不同的，中国的宗教总是力图以积极协助的态度参与到政府对社会的管制之中，发挥有宗教特色的社会训导，而不是以对立的立场批判政府管制的世俗性，或者以宗教自由为口号扩张自己的影响力，这对于建构稳定的社会政治是非常重要的。中国传统的政教关系相对比较和谐，大多数封建帝王愿意在其权力能够掌控的范围内保护和支持宗教的发展，同时也将宗教纳入国家事务管理体系之中，并专门针对宗教中的一些事务建立相应的管理机构，形成了具有中国化特色的国家管理制度，如僧官制度、度牒制度、僧籍制度等等。与此同时，佛教等宗教也主动调适自己，形成了"庄严国土、利乐有情"的爱国爱教思想。

最后，向学生介绍隋朝的思想家王通的三教合一论思想。三教合一论思想以儒家的中道理念为基础，尝试在佛教和道教思想中寻找能够与儒家中道理念相通的论述，从而形成3种宗教共有的价值基础。三教合一的理念为建构和谐共处的中国宗教环境，以及充满宽容精神的宗教对话做了很好的探索，也被历代的统治者树立为基本的宗教政策之一。中国历史上传统的儒、佛、道三教不仅彼此之间相处融洽，而且能够相互学习和借鉴，不断地丰富和扩展各自的理论视野。同时，它们努力适应中国社会的需要，积极配合政府的施政与管理,共同完成导民向善的道德任务。而中国的传统宗教,也将在世的社会奉献当成出世的修行,展现出积极的入世品格。这些特征,展现出中国宗教不同于世界其他宗教的特殊优势,也塑造了我们中国文化中和圆融、慈悲善良却又勇猛精进的精神品格。在新的时代,我们有必要继续引导传统宗教与当下的社会发展相适应,将我们历史传统中宗教与宗教之间、宗教与社会政治之间的和谐关系继续发扬光大。这3堂微课,将从三教合一、政教关系及中国化宗教的入世品格3个方面来介绍:我们传统宗教如何发挥和谐的价值品格,努力与其他宗教以及社会政治秩序相调适。

"万物大历史"课程思政微课设计①

郭墨寒②

一、基本信息

表1展示了"万物大历史"课程的基本信息。

表1 "万物大历史"课程基本信息

课程名称	万物大历史		
课程性质	通识课	授课对象	全校各年级本科生
微课章节名称（3个）	(1)仰望苍穹:古代天文观测与中国航天奋进史	(2)人与自然生命共同体视野下的生命简史	(3)人类协作与人类命运共同体

二、教学设计

(一)切入课程思政的课程知识点

(1)仰望苍穹:古代天文观测与中国航天奋进史。

(2)人与自然生命共同体视野下的生命简史。

(3)人类协作与人类命运共同体。

(二)思政教育的课程目标

1.知识目标

了解中国航天人的奋斗史、人与自然生命共同体的内涵、人类命运共同体的内涵。

2.能力目标

仰望星空,掌握像古人一样自然观察天象的能力;达成与自然界和谐共处,保护自然

---

① 本文系浙江工商大学2022马克思主义学院建设项目"大历史视野下'人与自然生命共同体'研究"（1270JYN5922005G—003)成果。

② 郭墨寒,浙江工商大学马克思主义学院讲师。

界和人类的共识;培养人与人和谐相处的能力。

3.情感目标

培养学生的爱国主义情操和了解中国悠久历史文化的兴趣;培养学生的生态和谐自然观;提升学生合作能力,拓宽人类命运共同体大视野。

4.价值目标

培养学生树立正确的历史观、世界观和价值观,正确认识中华民族的历史文化价值;认知人与自然生命和谐相处的重要性,以及人类相互合作的长远价值。

三、特色及创新

(1)有机融合交叉学科,帮助学生深入学习"万物大历史"知识。

(2)将历史与现实相结合,以历史智慧回应现实问题,以时事热点链接课程知识。

(3)以大历史观去认识习近平新时代中国特色社会主义思想和中国和谐发展相关理念。

(4)将中国传统天文文化有机融入教学中,激发学生对中国传统文化的热爱。

(5)将中国航天历史与太阳系认知相结合,增强学生的爱国热情。

(6)将当下时事热点与教学内容相结合,让学生认知"人与自然生命共同体"的伟大意义。

(7)结合"万物大历史"课程特征,融合交叉学科成果,使学生深入认知"人类命运共同体"的时代意义。

四、具体教学设计1 "仰望苍穹:古代天文观测与中国航天奋进史"课程

(一)导入【课程思政:中国优秀传统文化】

在学习这一章节之前,我们应该了解古人对太阳系的探知与认识。伟大诗人屈原作诗《天问》:"天何所沓? 十二焉分? 日月安属? 列星安陈?"这表达出中华民族对日月星辰认知的渴望。

(二)中国古人以勤奋的观察和惊人的智慧,给人类留下了丰富的天文观察记录【课程思政:中国优秀传统文化】

根据《中国古代天象记录总集》的整理,从甲骨文卜辞中的日食记录开始,古代有关日食的记录有1600多条,月食的记录有1100多条,月掩行星的记录有200多次,有关彗星的记录1000多条,新星的记录100多次,流星的记录4900多次,流星雨的记录400余次,太阳黑子的记录270余次。中国最早诗歌总集《诗经》的"子兴视夜,明星有灿","昏以为期,明星煌煌",是关于金星的观测;"十月之交,朔日辛卯,日有食之"则是对日食现象的记载。

(三)《尚书》《诗经》《春秋》《左传》《国语》《尔雅》等书中有许多关于星宿的叙述和丰富的天象记录,《史记》有《天官书》,《汉书》有《天文志》

《春秋》中"秋七月,有星孛与北斗"是最早有关哈雷彗星的记载。

《汉书》中"三月己未,日出黄,有黑气大如钱,居日中央",是有关太阳黑子的最早记录。

(四)中国古代发明了天文观测仪器【课程思政:中国古人智慧】

圭表,西周时期发明的度量日影长度的一种天文仪器。

日晷,观测日影记时的仪器。《汉书·艺文志》收录《日晷书》34卷。

浑仪,古代以浑天说为理论基础制造的天文观测仪器,战国中后期发明,汉代落下闳曾制造。

简仪,元代汉族天文学家郭守敬发明的一种天文观测仪器。

仰仪……

(五)中国古人根据天文观测创造古代历法

《夏小正》被认为是夏朝使用的历法。

商朝《阴阳合历》,被称为"殷历"。

周朝使用《太阳历》,土圭测日影。

汉代有《太初历》《四分历》。

(六)魏晋时期祖冲之制定《大明历》首次将岁差计算入内,每年365.2428天,与现在的精确测量值仅相差52秒

唐代有《大衍历》《宣明历》。

宋代沈括制定了依据时令气节而定的《十二气节历》。

元朝郭守敬制定了《授时历》。

古代天文观测和历法融入中国人民的生活中,也成为中国历史文化的一部分,指导着人们的生产和生活。

(七)新中国航天事业开展【课程思政:党的领导】

中华人民共和国成立以后,中国人民在中国共产党的领导下,努力探索。

1956年,钱学森向中央提出建立中国国防航空工业的意见,其后成立国家航空工业委员会。

1970年4月24日,中国第一颗人造卫星"东方红一号"成功升空,成为中国航天发展史上重大突破。

1987年8月,中国返回式卫星为法国搭载试验装置,中国打入世界航天市场。

(八)新时代中国航天事业继续挺进【课程思政:中国科学精神】

2003年10月15日,中国"神舟五号"载人飞船搭载航天员杨利伟升空,表明中国已掌握载人航天技术,成为中国航天事业发展史上新的里程碑。

2005年10月12日,"神舟六号"搭载费俊龙、聂海胜2名航天员升空。

2007年10月24日,随着"嫦娥一号"成功奔月,嫦娥工程顺利完成了一期工程。

2008年9月25日，"神舟七号"搭载翟志刚、景海鹏、刘伯明3名航天员升空。

2011年9月29日，"天宫一号"发射成功,中国第一个空间实验室即将诞生。

2013年12月2日，"长征三号"火箭成功将"嫦娥三号"探测器发射升空;同年12月14日,"嫦娥三号"着陆月面,与"玉兔号"巡视器互拍成像。"嫦娥三号"对月壤和岩石进行观测,所载测月雷达是人类第一次在月球上的雷达就位探测。

2015年12月17日，"悟空号"发射成功,赴太空搜寻暗物质,探索宇宙核心秘密。

2016年8月16日，"墨子号"量子卫星发射成功,实现卫星与地面的量子通信。

2016年9月15日，"天宫二号"空间实验室发射成功。

2017年4月22日，"天舟一号"货运飞船与"天宫二号"空间实验室成功对接,中国载人航空实现又一伟大突破。

2017年6月15日，"慧眼"硬X射线调制望远镜发射升空,是中国在高能天体物理观测领域一大进步。

2018年2月2日，"张衡一号"电磁监测实验卫星发射成功,成为我国构建天空地一体化地震立体监测体系的重要里程碑。

2019年8月31日，"太极一号"中国首颗空间引力波探测技术实验卫星发射成功,开启了中国空间引力波"太极计划"三步走战略的步伐。

2020年1月11日,500米口径球面射电望远镜(FAST)通过中国国家验收工作,并正式开放运行。目前FAST已经捕获世界最大快速射电暴样本。

2020年7月23日，"天问一号"发射成功,迈出火星探测的一大步。

2020年12月17日，"嫦娥五号"成功采样月壤返回,中国探月工程实现"绕、落、回"三步走取得圆满成功。

2021年,中国航天发射活动继续刷新纪录。2021年4月29日，"天和"核心太空舱发射成功,中国空间站进入全面实施阶段,中国3名宇航员其后进入中国空间站。2021年5月15日，"天问一号"探测器着陆火星，"祝融号"火星车开展火星探测。全年共执行55次发射任务,发射次数居世界首位;发射115个航天器,发射航天器总质量再创新高,达到191.19吨,同比增长85.5%。其中,长征系列运载火箭完成48次发射任务,全部取得成功,发射次数居世界宇航企业第1。

（九）开放合作的中国航天【课程思政：开放合作】

中国第5部航天白皮书发布,中国航天将推动空间科学、空间技术、空间应用全面发展,开启全面建设航天强国新征程。

中国正在为建设一个开放合作的中国航天而努力。

正是古人与前辈科学家的不断努力奋进,才奠定了我们今天的天文知识基础,由此我们才可以认识太阳系和我们的地球家园。

五、具体教学设计 2 "人与自然生命共同体视野下的生命简史"课程

(一)封面展示:人与自然生命共同体视野下的生命简史

(二)在展开课程讲解之前,回顾上节课布置的小组思考作业

"谁是地球的生命之王?"【学生参与】

有小组同学说是人、狮子、老虎、鲨鱼、蝎子、毒蛇等,100个同学可能有100种答案。经历了新冠疫情之后,我们发现微生物或许才是这个世界的生命之王。【时事与课程紧密结合】

它们在陆地,在水中,在你的皮肤表面,甚至在你的消化系统里,无处不有、无孔不入。同时,没有微生物,我们就不能消化食物,不能汲取能量,地球垃圾不能被消解,环境污染无法得到净化。我们和微生物是一种共生关系,我们和世界万物都是一种和谐相处关系。人类和自然是生命共同体,我们和其他动物、植物及微生物都依赖这个地球以及地球表面的大气、海洋、土壤等,离开了它们,我们也不复存在。因此,2021年4月22日晚,习近平总书记出席全球领导人气候峰会的时候,发表了题为《共同构建人与自然生命共同体》的重要讲话,强调要"坚持人与自然和谐共生;坚持绿色发展;坚持系统治理;坚持以人为本,坚持共同但有区别的责任原则",共同构建人与自然生命共同体。【课程思政:习近平新时代中国特色社会主义思想】

(三)说起人与自然生命共同体,它的内涵是什么?

坚持绿色发展,坚持多边主义;坚持共同但有区别的责任原则。强调:我们要像保护眼睛一样保护自然和生态环境,推动形成人与自然和谐共生新格局。中国是负责任的发展中大国,也是全球气候治理的积极参与者。中国古人也热爱大自然,中国悠久的历史文化中富含朴素的自然观。【课程思政:中国优秀传统文化】

儒家中,孔子说:智者乐水,仁者乐山;孟子讲天时、地利、人和;道家《老子》讲:人法地、地法天,天法道,道法自然;《庄子》言:天地与我并生,而万物与我为一;佛学经典记载了"深山之响,皆悉自然""一花一世界,一叶一如来"及"是法平等,无有高下,众生平等"等观念。总之,中国儒释道都强调了与自然和谐相处的关系。

为什么中国古人要强调爱护自然? 为什么我们现在也仍然强调要与自然和谐相处?要回答这个问题,我们需要从生命演化的历史讲起。上节课我们讲到生命的起源问题,生命的出现,使得复杂性不断增加的世界变得有序组织起来。生命的历程,本质是负熵的过程。

(四)生命简史【课程思政:科学精神】

生命似乎是不可思议的,因为它具有令人赞叹的多样性,演化出许多无法想象的、新奇的和相互依存的物种。地球生命从出现到现在已有38亿年的历史,经历了漫长的演化过程,才有了我们当下丰富多彩的世界。生命演化历程大致可以分为8个阶段。

第1阶段：最早的生命（大约38亿年前）

最初的活有机体可能类似于原核生物：无细胞核的单细胞微生物。早期有机体，如古生菌、细菌，通过从周围获取能量和食物，它利用了发酵，即一种无氧的新陈代谢形式，分泌出酸和乙醇，甚至代谢出氧气。现在地球上所有生命有机体都由三大生物群演化而来，它们分别是细菌、古生菌和真核生物。

第2阶段：光合作用（34亿年前至25亿年前）

在生命的早期阶段，微生物最后逐渐耗尽它们周围的氨基酸和蛋白质，因此。它们必须找到其他方式来获取能量。一些细菌（蓝绿细菌）进化出从阳光处获得能量的能力——光合作用，它是指一些细胞设法借助阳光利用空气中二氧化碳的过程。生物在光合作用中，将氢原子与来自空气中二氧化碳的碳原子结合形成碳水化合物（糖），同时将氧气释放到大气中，糖把来自太阳的化学能储藏起来。通过光合作用把氧气作为废弃物排放到大气中，历经约10亿年，大气中氧气的比例发生变化，从1%增加到现在的21%左右。

第3阶段：呼吸作用与真核细胞（25亿年前至15亿年前）

早期的蓝绿细菌在浅水区肆意蔓延形成叠层，排放大量氧气在海洋中溶解，氧化作用普遍存在，于是进化出利用氧气的细菌，同时利用氧气的（喜氧的）细胞演化形成，真核细胞也由此诞生，真核细胞会捕获其他细菌来获取能量。

光合作用直接以太阳能为生。植物可以直接获得太阳能，并且替那些食用植物的动物储藏起来。

喜氧细胞的呼吸作用，恰好与光合作用相反。它吸收和消耗氧气来消化碳水化合物，释放被分子利用过的能量，同时将二氧化碳和水作为废物排放出来，由此保持生物圈的平衡。由此可知，生命演化不只是源自竞争，更是出于合作的需要。

第4阶段：有性繁殖（大约10亿年前）

早期生命的繁殖主要通过分裂，克隆出与DNA一样的另外部分。10亿年前，藻类、阿米巴变形虫类及黏液菌等早期真核生物进入了重要的第4阶段。这些真核生物发展出了一种新的繁殖方式——有性繁殖。

有性繁殖的代价就是会导致其他细胞死亡，但成功制造出新机体的细胞，创造更大程度的复杂性，加快了生命演化的进程。由此生命经历了最初的4个演化阶段。

小结：前4阶段（38亿年前至6亿年前）

生命演化，一方面源自竞争，一方面出于合作需要。【课程思政：合作意识】

生命有机体正在改变生物圈，与此同时，环境也在改变生命。

在生命演化及其创造的环境中，各种形式的多细胞有机体开始涌现出来，开启了后4个阶段生命演化（大约6亿年前到800万年前）。

第5阶段（大约7亿年前至6亿年前）

真核细胞聚集起来过着群居生活，细胞逐渐变得更专门化，细胞相互交流并各自扮演着不同角色,多细胞结合的大型结构也演化出来——多细胞生命有机体。

同时,生命演化迎来了寒武纪生命大爆发,出现于大约5.42亿年前,跨度约2000万年,如中国云南澄江生物化石群、三叶虫化石。

第6阶段:脊椎动物(脊索动物)(大约5亿年前至4亿年前)

最早的脊椎动物是从有脊柱、无骨头的生物(比如皮卡虫)进化而来的。脊椎动物,或者脊柱由骨头构成的动物,会逐渐进化出主要的背脊骨、颌、正面和背部及保护神经系统的头部。

脊椎动物有发达的神经系统,能够对环境变化迅速做出反应。从最简单的眼点到复杂的眼睛,脊椎动物进化出相似的眼睛结构。

至此,所有生物都居住在海洋中,所有生命的化学性质是在水中发展起来的。

由于气候变冷,冰期到来,奥陶纪生物大灭绝。

第7阶段:生命来到陆地(4.75亿年前至3.6亿年前)

大约4亿年前,一些生物开始了从海洋到陆地的危险旅程。第二次生物大灭绝(泥盆纪大灭绝),或许是促使生命迁居到陆地的重要因素之一。

吸附在海滨的真菌,一种食用阳光,另一种食用土壤。它们与植物共生,为植物提供来自土壤的化学营养成分,植物在陆地成长演化出孢子,如蕨类植物。

走出海洋的最早动物,已知最早的两栖动物化石是鱼石螈,大约在3.7亿年前已经生活在陆地上,不过它们还需要返回水中产卵。

第8阶段:恐龙与哺乳动物(2.45亿年前)

距今2.5亿年前的二叠纪末期,气候突变,发生了有史以来最严重的大灭绝事件,估计地球上有96%的物种灭绝,其中90%的海洋生物和70%的陆地脊椎动物灭绝。爬行动物趁机进化成恐龙,是迄今为止最庞大的陆地生物。大约2亿年前第4次生物大灭绝,大量海洋生物灭绝,泛大陆开始分裂,当时恐龙无处不在,统治世界达1.5亿年之久。

直到第5次生物大灭绝(白垩纪大灭绝),来自地外空间的火山喷发,以及多次陨星雨造成了全球生态系统的崩溃,导致恐龙也全部灭绝,并为哺乳动物及人类的最后登场提供了契机。

哺乳动物因为繁殖效率的提高,获得食物能力的增强,体表有毛、胎生,体温恒定,脑较大而发达,智力和感觉能力进一步发展,成为陆地上占支配地位的动物。

(五)本节小结【课程思政:习近平新时代中国特色社会主义思想】

从生命演化的历史,我们应该认识到,人类是生命演化的产物,自然万物的演化为我们提供了共生环境,如氧气、臭氧层、大气环境及各类营养食物。大自然是我们的朋友,没有了大自然,也就不会有人类。

因此,我们要秉承人与自然生命共同体的理念,汲取中国传统生态智慧,借鉴人类文明有益成果,积极应对气候变化的挑战,加强生态文明建设,谋求人与自然和谐共生之道。

【课程思政:培养正确的三观】

六、具体教学设计3 "人类协作与人类命运共同体"课程

(一)导入

如果我们把整个宇宙的历史压缩为一年,那么人类文明只占据了这一年的最后几秒。正是在这短短的一瞬间,人类在这个世界上建立了村落、城市、国家等多种多样的文化和文明。这一切,都来自人类的协作。

(二)人类协作的历史:集体智慧

人类的集体智慧来自人类的协作,同时又加快、加强了人类的协作。

从狩猎、采集,到驯化养殖和农耕农作,都是人类协作生产生活。

有了人类集体智慧,人类才能开展灵活的规模性合作。

集体智慧是"人类社会通过分化与整合、竞争与协作,朝更高的秩序复杂性及和谐方向演化的能力"。

(三)语言

西格蒙德·弗洛伊德曾说过,当人们第一次用语言而不是石头表达自己的愤怒时,文明便开始了。语言是人类集体智慧的第一重要体现,同时又是人类协作的重要工具。在遥远的古代,人类的语言未创造时,人们之间的交流、沟通之困难是可想而知的,只能依靠手势、眼神、表情和咿呀发音,通过反复多次交流合作,语言才被创造出来。人类有了语言,更方便流畅地生产生活协作,文字也随之诞生了。

(四)文字

文字是从叙事图画中进化而来的。中国汉字从刻画符号,到象形文字,到成系统的甲骨文,数千年的演化逐步成熟,演化出东亚汉字圈。【课程思政:中国传统文化】

文字是人类集体智慧的又一重要表现,同时又是人类深入协作更加重要的工具。文字不仅提高了远距离传送信息的效率和准确性,更重要的是可以累积人类信息,使信息转变为知识供历代人传承,促进人类发生认知革命。

(五)人类社会复杂性结构【大历史思维:不断增强复杂性】

当人类生产生活达到一定水平时,人与人产生物物交换和劳务交换,逐步形成常态交易的市场,于是最初的经济产生了。经济是人类协作的产物,同时,在经济发展过程中,货币作为人类交易中的协作信用机制诞生。货币是人类协作的重大突破,它的出现提高了人类协作效率,加速了人类文明的进程。

人类在协作历史进程中,创造了农业、经济、法律、宗教、道德、城邦、国家等各类复杂的社会结构,人类的协作却从未停止,相反仍在加快协作的步伐。

如:造纸术的发明,让知识的载体变得更加便利与实惠,让知识传递更加普及;印刷术的发明,大大提高了世界的知识传承与传播的效率,为人类迎来文艺复兴和科学革命奠定

基础;指南针的发明,为大航海时代的到来奠定了基础,迎来1500年后世界人类文明的连接。【课程思政:中国古人智慧】

1500年前后地理大发现,人类文明以海洋为路连接在一起,开启全球化的步伐。科考队伍不断探索,推动了科学革命进程。

荷兰创新的商业模式,为世界带来了一个崭新的商业世界。蒸汽机的发明,英国大工厂的生产,人类大规模的协作,推动了工业革命的进程。

信息技术、计算机及通信技术的普遍使用,让世界沟通协作变得更加高效,人类因此走进信息时代。

基于http共同协议,人类建设了互联网,移动通信技术的提升,推动人类进入移动互联时代。

5G、物联网、大数据、云计算等技术的涌现,推动着万物互联前进,为人类提供高效、节能、安全、环保的和谐社会服务。

人类文明的进程,都是基于人类协作而推进的,因为我们都居住在同一个地球、同一个世界上。【课程思政:培养正确的三观】

当今世界面临着百年未有之大变局,政治多极化、经济全球化、文化多样化和社会信息化潮流不可逆转,各国间的联系和依存日益加深,但也面临诸多共同挑战。粮食安全、资源短缺、气候变化、网络攻击、环境污染、疾病流行、跨国犯罪等全球非传统安全问题层出不穷,对国际秩序和人类生存都构成了严峻挑战。

面对世界经济的复杂形势和全球性问题,任何国家都不可能独善其身。因此,在2012年11月召开的党的十八大上,习近平总书记提出要倡导"人类命运共同体"意识。【课程思政:习近平新时代中国特色社会主义思想】

确实,不论人们身处何国、信仰如何、是否愿意,实际上都已经处在一个命运共同体之中了。与此同时,一种以应对人类共同挑战为目的的全球价值观已开始形成,并逐步获得国际共识。

2015年,习近平总书记出席博鳌亚洲论坛年会时提出"通过迈向亚洲命运共同体,推动建设人类命运共同体"的倡议,并提出迈向命运共同体的"四个坚持":坚持各国相互尊重、平等相待;坚持合作共赢、共同发展;坚持实现共同、综合、合作、可持续的安全;坚持不同文明兼容并蓄、交流互鉴。

我们要继承和弘扬联合国宪章的宗旨和原则,构建以合作共赢为核心的新型国际关系,打造人类命运共同体。【课程思政:习近平新时代中国特色社会主义思想】

"心理学与生活"课程思政微课设计

金小苗①

一、课程基本情况

"心理学与生活"课程,是面向全校本科生的通识课程,隶属于教育类,课程基本信息见表1。课程以习近平新时代中国特色社会主义思想为指导,以学生学习生活中可能存在的心理问题与困惑为切入点,以情绪管理、个人成长、人际关系为专题,将健康心理学的内容通过讲授法、讨论法、直观演示法、练习法进行教学,从而使学生能充分发挥个人的最大潜能,妥善处理人与人之间、人与社会之间、人与自然环境之间的相互关系;能积极调整心态、顺应环境并有效、富有建设性地改善个人生活;能体验生命的美好与意义,幸福快乐地学习与生活,为将来服务社会、贡献社会、回报社会做准备。

"心理学与生活"课程的素材来源于学生的日常生活,所以可以贴近学生的身心发展;以专题的模式用心理学的理论加以解析,使其内容源于生活又高于生活,可以对学生的心理进行疏导、对其思想进行一定的引导。该课程注重角色扮演、冥想、倾听、共情等心理咨询技术的运用,让学生有深刻的感受,从而达到体验式教学效果。该课程一直得到学生的好评与欢迎,学教评分数在99分以上。

表1 "心理学与生活"课程基本信息

课程名称	心理学与生活	
课程所属学科门类	教育	
课程类别	☑公共课　□专业基础课　□专业课	
课程学分/学时	2/32	
微课章节名称(2个)	(1)情绪是什么	(2)倾听不能等的声音

---

① 金小苗,浙江工商大学马克思主义学院讲师。

二、课程思政育人理念与目标

（一）育人理念

1.授之以爱,注重倾听与共情

在授课过程中,尊重学生的个性,倾听学生的心声,共情他们的情绪;让之感受到被尊重,被认可,被理解,被关爱。用欣赏的眼光看待学生,随时表扬他们发出的闪光点,增加学生的自我认同感与价值感。

2.授之以渔,传授方法和技能

在课程中,除了讲清知识点以外,更注重的是要培养学生自主学习和自主解决问题的能力,将所学的知识化为生活中所用,将所学的知识变成自己知识体系中的一部分。

3.授之以"愉",注重快乐和体验

注重营造愉快轻松、参与式的课堂氛围。以学生为本,与学生做朋友,让学生感受到学习也是一种快乐,在愉快中学到知识和技能,在快乐中成长与收获,并感受到生活的美好。

4.授之以"宇",开阔视野增加智慧

注重着眼于未来与世界,拓宽学生视野,以包容、创新的智慧引领学生,让学生在百年未有之大变局中开拓进取,锐意拼搏,肩负起中华民族伟大复兴的历史重任。

（二）育人目标

1.掌握情绪的含义与相关理论

通过本课程的学习,学生学习并掌握情绪的定义、特点、理论,特别是其中关于埃利斯"ABC"的情绪调节理论。

2.认同中国优秀传统文化

情绪"ABC"理论是指通过改变个人的信念、对事情的看法,会改变其情绪。以中国优秀传统文化为例,阐明优秀传统文化对认知的影响从而产生对情绪的影响,从而自然地增进了学生对我国优秀传统文化的认同、自信与喜爱,使得学生在今后的生活中,也可以通过传统的优秀文化来管理自己的情绪,给负面情绪一个出口。

3.认可中华民族传统医学

情绪含义之一是指身心一体的反应,情绪本身就是人体健康的一个重要组成部分。中华民族的传统医学,简称"中医",关于情绪对身体的影响早已有所论述。通过介绍中医对情绪的阐释,学生应开始意识到中医是中华国宝,能够了解中医,增进对中医的认同、兴趣与喜欢,久而久之,也可以通过中医的理论知识调节身心。

4.将"小我"融入"大我"

将个体"小我"融入当今世界百年未有之大变局和中华民族实现伟大复兴战略全局的"大我"之中,个人的心胸与眼界自然会变得开阔,烦恼也就自然会减少。

三、课程思政元素与融入点

科学心理学源于近代西方,情绪虽被近代西方科学心理学所定义,但我国自古有之。本课程以"情绪是啥?'中'看'西'看!"为题,从中、西2个角度来认识、了解并掌握情绪,并在近代提出科学心理学的西方理论中,看到我们中华文明中已有的相关知识,对此进行阐述、分析,从而将思政元素如盐在水般地融入。

(一)"小我""大我"的转化融于情绪的第一个含义中

情绪是以主体的需要、愿望等倾向为中介的一种心理现象。情绪具有独特的生理唤醒、主观体验和外部表现3种成分。符合主体的需要和愿望,会引起积极的、肯定的情绪,相反就会引起消极的、否定的情绪。

在今天中华民族实现伟大复兴战略和世界百年未有之大变局的特殊历史时期,将自我的需要与祖国的需要同频共振,将"小我"的需要融入"大我"之中,个人的心胸与眼界自然会变得开阔,烦恼也自然会减少。就如习近平总书记于2019年1月寄语南开大学师生时所说的:只有把"小我"融入"大我",才会有海一样的胸怀,山一样的崇高。

(二)中华民族传统医学融于情绪的第二个含义中

情绪的含义之一就是:情绪是一种身心一体的反应。一定的情绪往往伴随着一定的内脏器官、内分泌腺和神经系统的生理变化,如血压高低、呼吸速率、肠胃运动、瞳孔大小等植物性神经系统的变化所引起的生理反应,如眼泪。

情绪本身就是人体健康的一个重要组成部分,博大精深的中华民族传统医学对此已做了阐述,具体如下:我们古代中医认为人有七情,即喜、怒、忧、思、悲、恐、惊,怒伤肝,喜伤心,思伤脾,悲伤肺,恐伤肾。

中华民族传统医学不但对人的情志非常重视,而且有深入的研究,还提出"心主神明"之观点,主张通过对身体的具体调理来改变个人情志。中华民族传统医学对身体的调理、治疗,间接地促进了心理的健康,进而改善了不良的情绪。已有文献证明中医调理对于心理疾病的治疗作用。

(三)优秀传统文化融入情绪"ABC"理论

美国心理学家埃利斯创建的一种不合理情绪的控制治疗方法,简称情绪"ABC"理论。A是指Activating Event(激发事件),B是指Belief(认知和评价),C是指Consequence(行为和结果)。该理论认为,消极情绪和行为障碍的结果(C),是由不正确的认知和评价(B)引起的。

根据埃利斯理论,我们有很多中国优秀传统文化对认知有直接的改善、调节作用。例如,与友人分别感到难过时,有诗言"莫愁前路无知己";觉得自己非常辛苦时,有诗言"梅花香自苦寒来";觉得好处都该属于自己时,老子说"上善若水,水利万物而不争";认为错误都是别人造成时,有成语言"行有不得,反求诸己";不知道情绪是该发还是该压时,有古人言"喜怒哀乐之未发,谓之中,发而皆中节,谓之和"。

类似地,在我们优秀的传统文化中随处可见,这对认知有很大的疏导作用,进而在无形中改变了情绪。"心理学与生活"课程简析如表2所示。

表2 "心理学与生活"课程简析

课程专题	专业知识点	思政元素	专业知识点与思政点的融合	课程思政的实施路径与方式
情绪的认知与管理	情绪是对不同的认知对象,以需要为中介	将自我的需要与社会的需要同频共振	将"小我"融于"大我"便会放眼全国、开阔胸襟,并感受到社会支持与生命意义,烦恼与痛苦自然减少	通过"倾听不能等的声音"的微视频展示与讨论
	情绪是一种身心一体的反应	中华民族传统医学对情绪的阐释	中华民族传统医学对情绪的认知与调节至今有作用、有价值、有意义,其远早于西方提出科学心理学的概念,从而产生对中医的认同	举例说明中医对情绪的认知与调节
	不合理情绪的控制治疗方法"ABC"理论	优秀传统文化对认知的调节作用	我国众多优秀的传统文化中对认知有很大的疏导作用,进而在无形中改变了情绪	举例说明、以"开火车"形式让每人想一句对认知有调节作用的古代诗词

四、教学设计与教学实施

(一)学情分析

1."空心病"的大学生占一定的比例

据某大学调查统计,大学一年级的新生,包括本科生和研究生,其中有学生厌恶学习或者认为学习没有意义,还有学生认为活着没有意义,甚至有学生选择放弃自己。在现实生活中,每年都有大学生抑郁、轻生等一些不好的消息传来。"空心病"是这几年针对大学生的生存现状提出来的词语。大学生"空心病"现象反映出部分大学生的价值观念迷失,对自己认识不清晰、不准确,不能正确对待自我与外部世界的关系,从而导致自卑、自负、自我意识消极、缺乏存在感、与社会作对等心理问题,甚至影响其正常的学习和生活。

2.大学生需要情绪的安放与转化程度

据统计,全世界约有5%的人患有不同的精神疾病,其中80%是由情绪引起的。

黎君(2021)指出,"空心病"的人有以下3个方面的表现:第一,人际关系不好,学习没有目标,得过且过;第二,认为恋爱失败就是人生失败;第三,不能融入社会,遇到问题就退缩。无论是人际关系不好,还是恋爱失败,抑或是不能融入社会,都会产生负面情绪,甚至是情绪的困扰与障碍。大学生需要有一个安放情绪的地方,或者将负面情绪及时转化。

3.大学生缺乏处理情绪的方法与途径

当代大学生对如何做好情绪管理这个问题非常感兴趣。但是当下,大学生没有学习情绪管理的途径,也不具备相关的理论知识,不了解自我调节负面情绪的科学方法。在产生负面情绪的时候,不知道如何处理,或者错误处理,而产生适得其反的后果。同时,许多大学生不知道如何处理人际关系,害怕与父母、朋友、恋人当面交流,反而喜欢在网络平台与陌生人交流自己的心灵创伤。这也是因为其在现实中不能很好地排解自己的情绪。

(二)教学重难点

1.情绪的含义与理论如何讲透

该主题包含一些理论部分。由于学生来自不同专业,有些学生对心理学相关理论不够了解,学起来会比较生涩。如何将理论讲得通俗易懂是一个难点,也是重点。

2.如何改变听课的"低头族"

目前,高校课堂中"低头族"比较明显。如何让学生参与到课堂中,让学生对知识点感兴趣,让学生明白参与到课程过程中,他们的生活会有改变,他们也会有很大的收获。这是第二个难点。

3.思政元素如何润物无声

本课程是"心理学与生活",思政元素怎么融入课程不让学生觉得突兀,让学生觉得这些思政元素来自日常、来自身边的同学,在潜移默化中改变部分思想政治观念是第三个难点。

(三)教学目标

(1)认知目标:了解与认识情绪的含义、特点与理论;对中国优秀传统文化、传统医学的了解与认识。

(2)情感目标:让学生对"心理学与生活"课程感兴趣,喜欢并认可中国优秀传统文化和传统医学,产生文化自信。

(3)技能目标:运用所学知识和技能调节并处理好自己的情绪,并在实践中锻炼、提升自己情绪管理能力。

(四)教学策略

(1)采用图片、视频的形式,引起学生的兴趣。

(2)采用提问、讨论的方式,唤起学生的思考。

(3)采用肯定、赞赏的方式,赢得学生的喜爱。

(五)教学过程

1.引入阶段

教师:同学们,今天我们来学习情绪的相关知识。你们对情绪有多少了解呢?下面我们从几张图片(见图1、图2、图3、图4)展开。

图1　喜不自禁

图2　情不可控

教师:对,这就是情绪!

中医认为人有七情:喜、怒、忧、思、悲、恐、惊。

科学心理学将情绪定义为:人类对于各种认知对象的一种内心感受或态度。

2.教学的讲解阶段

问题1:情绪的含义是什么呢?

教师:请问情绪的含义是什么呢? 情绪有以下3种含义。

含义1:不同的认知对象,以需要为中介。

满足需要:喜悦。

如:久旱逢甘雨,他乡遇故知,洞房花烛夜,金榜题名。

含义2:一种身心一体的反应。

一定的情绪往往伴随着一定的内脏器官、内分泌腺和神经系统的生理变化,如血压高低、呼吸速率、肠胃运动、瞳孔大小等植物性神经系统的变化所引起的生理反应,如眼泪。

含义3:人类的情绪起源于远古时代人类的开始。

图3 布什总统与大猩猩的表情

问题2:有人说,在发怒的状态下,智商是零,你信不? 你怎么理解?

问题3:有人知道该怎么与情绪相处吗?

教师:与情绪相处方法之一——改变认知。

美国心理学家埃利斯创建的一种不合理情绪的控制治疗方法,简称情绪"ABC"理论。

A: Activating Event(激发事件)。

B: Belief(认知和评价)。

C: Consequence(行为和结果)。

消极情绪和行为障碍的结果(C),是由不正确的认知和评价(B)引起的。

根据埃利斯理论,我发现有很多中国优秀传统文化对认知有明显的改善、调节作用,如:

与友人分别难过时,有诗言"莫愁前路无知己"。

觉得自己非常辛苦时,有诗言"梅花香自苦寒来"。

觉得好处都该属于自己时,老子说"上善若水,水利万物而不争"。

不知道情绪是该发还是该压时,古人言"喜怒哀乐之未发,谓之中,发而皆中节,谓之和"。

认为错误都是别人造成的! 有成语言"行有不得,反求诸己"。

问题4:你们能想到我国优秀的传统文化中还有哪些能改善我们的认知呢?

教师:接下来,介绍与情绪相处方法之二——改变我们的身体。

情绪含义之一是身心一体的反应,情绪本身就是人体健康的一个重要组成部分,具体如下:

怒伤肝,喜伤心,思伤脾,悲伤肺,恐伤肾。

中医对身体的调理、治疗,间接地促进了心理的健康。

中医理论,主要调的就是人"心",因为"心"主神明。

已有文献证明,中医调理对心理疾病有治疗作用。

问题5：请允许我给我们中国优秀的传统文化与医学对情绪的影响做个小结。

情绪虽被近代西方科学心理学所定义，但我国自古有之。优秀传统文化通过认知对情绪有疏导作用，博大精深之中医通过身体对情绪有调节作用。

问题6：请同学们结合自己的生活实际，想想还有什么方法可以调节情绪。

教师：与情绪相处方法之三——到广阔的社会实践中去！

请参加过志愿实践活动的同学举手，我看看大家参加实践志愿活动的情况。我曾经带领很多同学去浙江雨花公益敬老平台参加敬老的志愿活动，同学们回来都是满满的感悟。比如，要珍惜现在美好的生活，要多陪伴父母，觉得找到了生命的价值与意义。

我自己也参与了其中，受益良多，对人生也有了不一样的看法，甚至改变了我的人生，因为参加志愿活动，我更真切地感受到了生命的价值与意义。

请大家看这个视频，看后我们一起讨论。

其实将"小我"的需要融入社会的"大我"之中，个人的心胸与眼界自然会变得开阔，烦恼也自然会减少，你甚至会觉得，"我的苦恼算什么呢"？你看100岁的爷爷还在做志愿者，还在帮助别人！就如习近平总书记于2019年1月寄语南开大学师生时所说的：只有把"小我"融入"大我"，才会有海一样的胸怀，山一样的崇高。大家想象下，如果你是高山，你是大海，还有什么装不下，还有什么可以烦恼呢？所以，到广大的社会实践中去，人生的境界自然就不一样。在参与实践中，你也得到了别人的关爱与支持，你内心有温暖，前行就有力量。

你们看我们参加实践的学生与老人个个都乐开了花，他们经常问我："老师，我们什么时候可以再去？"

图4　我们都很开心

3.教学的收尾阶段

问题7:通过前面对情绪含义的解读,大家有没有产生一些新的想法,对我们的生活有什么启示?

教师:我们讲解了情绪的3种含义:不同的认知对象,以需要为中介,身心一体的反应。我们对之进行了解读,同学们还有没有想到其他的含义? 这3种含义对我们的生活有没有什么启示? 比如,做个没有情绪的人好不好?

问题8:你们生活中是否遇到过难以处理的情绪问题? 我们一起用"ABC"理论讨论一下,每个小组提一个自己生活中遇到的问题。

五、教学成效与教学反思

(一)教学成效

1.学生美言真

课后,有学生给我亲笔信件,谈及自己的感悟与收获,学生也会在随感作业中,给我很多的赞赏。具体以图5、图6、图7、图8为例。

学生1:此课让我失恋后重新找回人生路上的"碎金"。

这名女生在和男友分手后,一开始是满怀绝望又自我否定的,但是想到课堂上讲到的知识,开始学会接纳自己、接受事实。她理性地反思了自己和对方在这段感情中的不足,总结问题,而后发现自己的情绪得以疏解,心灵也回归平静,能够重新审视自己、感受自己的情绪,帮助自己变得更好,也更懂得珍惜自己,从而在这个过程中获得成长,而不是开始堕落。这个同学通过自己的亲身体会,真正地理解了课堂内容,发现这门课不仅帮助她放开自己的身体和心灵,更让她感受到一种向上的力量,而这种力量是在课堂的教学过程中所感受到的,令她焕然一新。这个同学的来信最后将自己说成是踏金前行的人,而这人生路上的"碎金"便是在这门课的指引下,才一点一点地寻找到的。她通过学习这门课,真正地接纳了自己,接纳了自己的情绪,也更懂得珍惜自己。可以说,是这门课使得她重新振作,迎接更好的自己。

再一次说一声谢谢您，现在种种回想起您上课说过的话，带我们一起做的活动，我心中都有一种焕然一新的感觉。关于自己的，关于自己和父母的，关于自己和另一半的……这些都是我在其他前辈的课上完全没有听过的。

举个不知道恰不恰当的例子，就好比我有一颗金子，散落成了无数碎金，您把这一颗颗碎金藏在了我人生的路上，你告诉我它就在那里，我需要慢慢拾，我拾着拾着，我就能拥有越来越多的小惊喜，甚至忘了，这原本是那个我丢了的碎金，即使到最后我发现，就算它无法回到原样一整颗金子，但是

图5　学生1给我的亲笔信

学生2：我真的改变了很多，变得更加勇敢、果断！

选这门课，是最明智的选择，因为通过学习，我改变了很多，甚至周边的人都说"哇，你真的变得跟以前不一样了"！我变得更加自信、勇敢、果断！

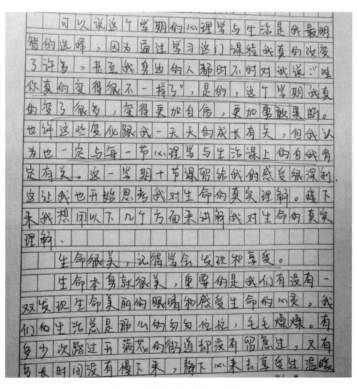

图6　学生2给我的亲笔信

学生3：在心理课上突然感觉到了被关怀，内心很是感动。

图7　学生3给我的亲笔信

学生4：每次我都带着期待走进教室，您是富有生命力的老师，带领我们一起发光发热！

图8　学生4给我的亲笔信

2.学教评分高

"心理学与生活"是一门通识课，面向的学生从大一到大四，面向的专业从文科到理工科，99%的学生都未曾谋面，没有任何的感情基础。"心理学与生活"一共也才32个课时，所以在这样的情况下,通识课老师要想得到学生像对专业课老师一样的认可,其实是存在比较大的难度的。但是"心理学与生活"课程自从开设以来,学教评分都比较高,都在99分以上。

3."免费广告"多

课程中,有学生说:"老师我有一个请求,我可以把我的男朋友也带过来听课吗?我希望他也学习,因为我觉得帮助很大。"每次课程结束,都会有学生跟我说:"老师,我要把您的课介绍给更多同学,因为我真的收获很多。"

(二)教学反思

1.还没有足够的勇气完全敞开我自己

生命是用来影响的,不是说教的。要想影响学生,首先自己要放得开,特别是心理健康方面的课程,对教师的身心要求比较高。虽然知道有些练习对学生好,但还是不敢特别放开去做,担心学生可能会误解。

2.有小部分学生难以参与课堂

心理学课程会吸引部分心理有严重问题的学生。这部分学生原本是最需要被关心与关怀的,也是最需要参与课堂体验的,但是因为其有较严重的心理问题,反而躲在课堂最后面,不敢参与、不敢尝试。尽管数次引导,但效果还是很有限。目前还没有找到特别合适的方法去影响这部分学生。

3.课堂中有时候会顾此失彼

在回答部分同学所提出的问题时,我发现没有这种困扰的其他学生,就不感兴趣了。这也是我心中的困惑,以后将选择更加具有共性的问题来解答。

4.怯于带学生到户外体验教学

自然环境对身心有很大的影响,有些课程如果能在美丽的室外开展,对学生来说也是一次美好的体验。但我还是缺乏勇气,不敢过于打破传统课堂教学形式。

六、教学特色与教学创新

(一)教学特色

1.将日常点滴信手拈来用于课堂教学

"心理学与生活"课程的素材来源于学生的日常生活,因此可以贴近学生的身心发展;以专题的模式用心理学的理论加以解析,使其内容源于生活又高于生活,可以马上对学生的心理进行疏导、对其身心进行一定的引导。

2.将心理咨询技术灵活地运用于课堂教学

在心理咨询过程中,将个别辅导与团体辅导技术如角色扮演、冥想、倾听、共情等技术灵活地运用于课堂教学,与学生快速建立信任关系。课程中,多处运用《舞动心理学》的原理与练习,直接在课堂现场让学生参与练习,让学生不被"捆绑"在椅子上,而是有丰富的身体体验,从而带来深刻的感受,达到体验式教学的效果。

3.将思想政治元素润物无声于课堂教学

"心理学与生活"课程的素材来源于学生的日常生活与生活中的困惑,势必涉及价值观方面的问题;而且科学心理学虽成立于西方的近代,但是我国自古有之,我国传统文化、医学源远流长,里面自然就带着心理学方面的知识。所以,该课程很多方面涉及思想政治教育的内容,在课程教学中完全可以将思想政治教育润物无声地开展。

4.以问题链的方式引导学生积极思考

在课程中以问题链的方式,带领学生去思考、去判断、去参与到课程的设计之中,而不是纯粹的知识讲解,并对发言的同学给予及时的肯定与鼓励。

5.以体验式教学让学生全身心地参与课堂

在课程中,运用图片、视频等方式,灵活运用讲授法、讨论法、直观演示法、练习法等进行教学,营造开放、轻松、愉悦的课堂气氛,注重学生的真实体验,从而达到较好的教学效果,使其能将所学的知识灵活地运用于日常生活。

(二)教学创新

1.教学内容的创新

本课程的教学内容不再是枯燥烦琐的专业知识,而是以情绪为话题,引起学生兴趣,使得学生敞开心扉。既教授学生真正可以学以致用的情绪管理方面的知识,又将优秀传统文化及中医自然引入,是一种教学内容上的创新。

2.教学方式的创新

本课程的教学方式不是简单的教师授课型或学生主导型,而是一种沟通交流的授课方式。课堂就像一场交流会,每个人既是诉说者也是倾听者,学生与老师之间相互信任,通过这种教学方式,达到理想的教学效果。

3.教学作业的创新

本课程的教学作业是开放式的。比起理论知识的学习,本课程更注重培养学生课后在遇到某些心理问题或者亲密关系问题上的解决能力,因此本课程的教学作业是真正地与生活相结合的,比如调节自己的负面情绪、与父母深入沟通、反思和男友的亲密关系等等。关于最终的课程论文,本课程也是开放式的,让学生畅所欲言,给学生一个吐露心声、梳理自己人生的窗口。

参考文献

[1]黎君.应对"空心病",培养大学生积极的自我意识[J].大学教育,2021(8):103-105.

[2]张大均.教育心理学[M].北京:人民教育出版社,2011.

[3]琳达晓乔.舞动——以肢体创意开启心理疗愈之旅[M].北京:中国人民大学出版社,2018.

[4]王晓刚.大学生心理健康与发展[M].北京:高等教育出版社,2016.

"大学生就业指导"课程思政微课设计

李鹏飞[①]

一、基本信息

表1展示了"大学生就业指导课"课程的基本信息。

表1 "大学生就业指导课"课程基本信息

课程名称	大学生就业指导课		
课程性质	必修课	授课对象	信息与电子学院高年级本科生
微课章节名称(3个)	(1)敬业	(2)就业	(3)伟业

二、教学设计

(一)切入课程思政的课程知识点

(1)利用就业观上升人生观,突出社会主义核心价值观。

(2)通过职业态度突出社会主义核心价值观中的敬业及理想信念教育。

(3)通过何为成功职业生涯,告知学生职业无贵贱。为人民服务的职业就是好的职业、高尚的职业。通过价值引领引入理论与实践的关系,升华到中国梦与自我职业目标。

(二)思政教育的课程目标

培养忠诚、爱党、敬业、奉献、拥有工匠精神的人才。

(三)知识点与思政教育结合的教学设计

就业指导是指在对学生就业方面进行的指导,其任务是为学生提供就业政策、求职技巧、就业信息等方面的指导;帮助学生了解国情,了解就业形势,根据自身条件、特点、职业

---

① 李鹏飞,浙江工商大学信息与电子工程学院团委书记、讲师。

目标、职业方向、社会需求选择适合自己的职业。

(1)选取当前热点新闻,诠释就业观在求职中的作用,从而帮学生树立正确的世界观、人生观和价值观,全方位地凸显社会主义核心价值观的价值引领作用。

(2)强化职业道德概念及敬业概念,通过匠人精神的解释,提高学生的职业素养和职业规范,并以此规范其行为。

(3)帮助学生了解我国的职业分类及实现就业的不同路径,理性处理"职业选人"与"人选职业"的关系,将"小我"融入"大我",理解并接受"只有将个人的发展融入国家发展才是最大限度的自我实现"。

三、特色及创新

其一,在理念创新方面,就业指导课需要在深化思政育人理念的基础上创新双创教育顶层设计。科学意识才能引导正确实践,要想促进大学生就业课程思政的创新发展,就必须理念先行,提升就业指导课在育人方面的意识站位,从高校整体育人环境出发实施双创精神培育工作。

其二,在内容创新与方法创新方面,本课程要以学生全面成长为中心,善于采用多元化教学策略以增强就业精神感染力。在就业教育教学过程中,教师可以充分结合大学生专业特色有机融入就业精神。比如针对电子专业的大学生,教师可以列举我国半导体行业的优秀人物,为学生讲解其代表事迹,并解析案例背后所蕴藏的双创思维与精神,为大学生树立创新创业方面的模范人物,潜移默化地发挥模范人物的引领作用,以此促进大学生自我成长。另外,教师还可以带领学生前往合作企业的工作车间等地开展实地教学,以真实职场环境激发学生对榜样力量的认同感,从而强化就业课程思政。

其三,在双创教育工作机制创新方面,高校要打造思政教育的全员育人格局,强化双创育人队伍与机制保障。双创教育工作不只是教授大学生各类就业创业知识,同时也要增强大学生职业素养以及社会适应能力,因此只开展固定的双创教育课程显然难以充分发挥育人价值。为此,高校可以在思政教育"三全育人"理念引领下,创新育人格局。比如,高校可以将班主任纳入双创教育体系中,发挥班主任深入学生群体的独特作用,通过开展以双创教育为主题的班级活动,如主题班会、主题演讲会等让学生更为深刻地了解双创精神,而这种师生交流的方式也有助于促进学生获得思想意识层面的引导。

"体育（篮球）"课程思政微课设计

夏秋冬[①]

一、基本信息

表1展示了"体育（篮球）"课程的基本信息。

表1 "体育（篮球）"课程基本信息

课程名称	体育（篮球）		
课程性质	公共基础课	授课对象	全校大一、大二本科生
微课章节名称（3个）	（1）学裁判手势，造规则意识：篮球裁判员的基本手势	（2）学战术配合，悟团队品质：突破技术与突分战术	（3）炼身体意志，强文明精神：信任背摔与死亡爬行

二、教学设计

（一）切入课程思政的课程知识点

"体育（篮球）"是全校公共必修课程。本课程既是体育篮球课，也是身心和谐发展的体育教育课。本课程具有鲜明的"数字＋体育""理论＋实践"特点，通过讲解、示范、练习、游戏和比赛等相结合的教学方法，学生在体育锻炼中享受乐趣、增强体质、健全人格、锤炼意志。本组微课包括：

1.学裁判手势，造规则意识：篮球裁判员的基本手势

篮球裁判手势是篮球规则在比赛中的一种具体表现形式。学会运用篮球裁判员的准备手势在比赛开始前进行确认，运用篮球裁判的读秒手势在比赛中进行计时，数字手势进行报数，以及8秒违例手势进行报告，理解比赛中8秒违例规则产生的原因。

---

① 夏秋冬，浙江工商大学体育工作部讲师。

2.学战术配合,悟团队品质:突破技术与突分战术

通过跳跃砸板接力练习进行热身与球性练习,学会相互鼓励、帮助;在团队游戏眼疾手快地抢断球,比赛中学会配合,并在双人配合持球交叉步突破技术练习中加以运用;最后通过战术练习三人突破分球战术配合体会团队配合的意义。

3.练身体意志,强文明精神:信任背摔与死亡爬行

传递科学的健康理念,获取健康的关键在于行动;利用团队合作,挑战自我练习信任背摔,感受勇气与信任;利用双人配合,极限身体素质练习死亡爬行,突破自我激活全身肌肉力量。

(二)思政教育的课程目标

体育课的课程思政教学重在促进学生身心和谐发展,强化体育精神,塑造学生三观,完成立德树人的根本任务。"体育(篮球)"的课程思政教学,结合篮球运动的历史重大事件和当下的最新技能战术,重在引导学生主动思考"什么是规则""什么是健康"等伦理问题,从实践上深化对国家"健康第一"方针的理解与认同。具体到本组微课,3个微课对应的思政目标分别是:

1.强化规则意识与民族精神

培养学生胸怀祖国的民族精神,以及为新时代我国社会主义精神文明建设做贡献的责任担当。培养学生遵守体育规则、尊重对手、遵循公平竞争的体育精神,为树立自觉的社会规范意识做贡献。

2.深化合作意识与团队精神

引导学生以良好的心态和积极的状态去面对成就与挫折,学会支持与鼓励队友。引导学生正确处理好个体与集体的关系,激发学生的集体荣誉感,学会团结协作,形成乐于助人的优良品质。

3.优化健康意识与拼搏精神

引导学生学会克服内心的恐惧,能够信任同伴以建立安全感。培养学生的进取精神,使学生拥有挑战自我、顽强拼搏、永不言败的精神,保持昂扬向上的生活理念与精神状态,为社会发展做贡献。

三、特色及创新

本组微课针对课程思政教学存在的"两张皮"观象、学生认同度不高的痛点进行设计,针对当下学生关注篮球训练、具有初步训练逻辑思维的特点,做到思政切入点与教学知识之间无缝对接、自然无痕,还完全做到课程思政育人的润物细无声,在教学方式、教学内容和教学方法上进行创新。

第一,在教学模式上,打造"三二三"课程思政混合式教学模式,通过"健康知识+技能培养+价值引领"三融合、"第一课堂+第一课堂"二平台协同,实施"认知、实践、内化"三

联动。"引导思考"而非"填鸭式教学",变课程思政教学"被动式价值观灌输"为"主动式价值观认同",如图1所示。

第二,在教学内容上,强调内容的高阶性、时效性和延展性。以教学内容整合为切入点,挖掘体育思政素材,特别注重对中国元素、浙江元素的提炼。(微课1)引用孟子的"不以规矩,不能成方圆";佐证NBA比赛历史,在比赛中因未设置部分比赛规则,而产生不良结果。(微课2)引用习近平总书记提出的人类命运共同体的观念,"大道之行也,天下为公"[①];佐证篮球比赛中的战术配合。(微课3)在爬行过程中不断地给予他们鼓励与支持,使其创造出自己的最好成绩,引发他们对于成功之路必须具备哪些品质的思考。

第三,在教学方法上,以真实案例为基础,以任务型教学为基本方式。例如:(微课1)采用"游戏+案例"方式,在布置手势游戏数字接龙前,学习中国人民在面对灾难和困难过程中的手势案例。(微课2)采用"比赛+视频"方式,在学习篮球突破分球战术配合阶段,观看中国篮球联赛中运用突破分球的实战视频。(微课3)采用"任务+讨论"方式,对"如果今天是你大学毕业的最后一天,你是否没有任何遗憾?"这个问题展开讨论,传递科学的健康理念,突出获取健康的关键在于行动。

总而言之,"体育(篮球)"课程思政元素设计如图1所示。

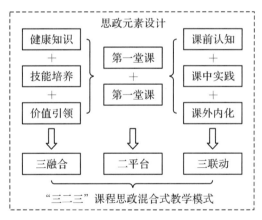

图1 "体育(篮球)"课程思政元素设计

四、具体教学设计1 "学裁判手势,造规则意识:篮球裁判员的基本手势"课程

表2展示了"学裁判手势,造规则意识:篮球裁判员的基本手势"课程思政教学设计。

---

① 出自2015年9月28日习近平在美国纽约联合国总部举行的第70届联合国大会一般性辩记时的讲话。

表 2 "学裁判手势,造规则意识:篮球裁判员的基本手势"课程思政教学设计

教学内容与目标			
教学内容		学裁判手势,造规则意识:篮球裁判员的基本手势	
思政元素		规则意识与民族精神教育	
教学时数		1学时(约11分钟),本节段属于第3章第2节	
教学目标	认知技能目标	(1)掌握篮球裁判员的4种手势,包括准备手势、数字手势、读秒手势、8秒违例手势,并学会如何在比赛中进行运用。 (2)基于裁判的视角解读比赛,分析篮球比赛中8秒违例篮球规则产生的现实原因	
	思政育人目标	(1)培养学生具备胸怀祖国的民族精神,为新时代我国社会主义精神文明建设做贡献。 (2)培养学生遵守体育规则、尊重对手、遵循公平竞争的体育精神,为树立自觉的社会规范意识做贡献	
教学资源	专业资源	(1)中国篮球协会审定:《篮球规则》,北京体育大学出版社2021年版,第8章。 (2)浙江省线上一流课程,《体能攻略》,2019—2022,爱课程MOOC,课程负责人同为申请人,第3章	
	思政资源	(1)1950年,NBA活塞队客场挑战湖人队,由于没有进攻时间的限定,两队相互摆烂,可见,"不以规矩,不能成方圆"。 (2)习近平总书记:新时代的中国青年要以实现中华民族伟大复兴为己任,不负时代,不负韶华[①]	
	案例资源	(1)2008年,汶川地震"敬礼娃娃"的手势案例。 (2)2021年新冠疫情期间,医务人员的手势案例。 (3)2022年,中国姑娘们勇夺亚洲杯桂冠的手势案例	
课程思政学情分析		"学裁判手势,造规则意识:篮球裁判员的基本手势"是第3讲"篮球基本规则"中的核心内容。从学情上来看,学生已经知道篮球的基本技术与分类,明白篮球技术是根据篮球规则的制定而产生的。对于篮球裁判员手势在比赛中的意义,以及违例与犯规产生的原因还需要深入探讨	
教学重难点分析			
教学重点		掌握篮球裁判手势动作的技能,提升手势的准确度	
教学难点		掌握8秒违例的判罚标准,正确判断8秒违例的时间节点	
思政突破点		通过假设人类没有语言,如何沟通引发有关沟通交流的思考,延伸出手势的意义,坚定学生的文化自信。引用NBA比赛历史,在比赛中未设置部分比赛规则,而产生不良结果,让学生切身体会设置规则和具备规则意识的重要性,进而引发学生对于社会道德与规范意识的思考	

---

① 出自2021习近平总书记庆祝中国共产党成立100周年大会上的重要讲话。

	教学方法
教学方法	本节课遵循"有效教学"的理念,聚焦课程思政教学的"入脑入心",围绕"如何提升规则意识与民族精神"这一问题进行设计,以更新学生学习的观念为切入点,学习中国人民克服灾难的精神,加强体育文化传承,通过思政元素与教学内容的有效连接,激发学生的学习热情、学习兴趣、学习动力,实现思想认同、理念认同、责任认同,培育学生的内生动力,激发学生的积极性和创造性。 本节课采用"游戏＋案例"方式,在学习篮球规则手势阶段,在布置手势游戏数字接龙前,学习中国人民在面对灾难和困难过程中的手势案例。通过2008年汶川地震"敬礼娃娃"郎铮对军人敬礼的手势,2021年新冠疫情期间2名护士确认患者用药情况的手势,2022年中国姑娘们勇夺亚洲杯桂冠后庆祝的手势,学习中国人民迎难而上、奋不顾身、顽强拼搏的民族精神
	案例教学:1950年,由于没有进攻时间的限定,NBA比赛中两队相互摆烂,比赛结束时,NBA出现了史无前例的19∶18的比分。通过这个例子学习8秒违例,并引出比赛规则与规则精神的重要性
	情境教学:本节课通过观看中国篮球职业联赛中的比赛视频,要求学生独立思考,8秒是从什么时候开始计算的,以及如何判断球员是否8秒违例。通过观察比赛开始前3位裁判员的站位比赛图,进行情景假设:如果你是篮球比赛现场的3位裁判员,你会采用什么样的方式告诉另外的裁判你已经准备好了?
	游戏教学:本节课在数字手势学习过程中,加入了数字接龙体育游戏,从1开始报数,轮流做出数字动作并报出数字的号码,而遇到7或7的倍数的同学只能做动作不能报出该数字
	教学过程
教学过程 设计思路	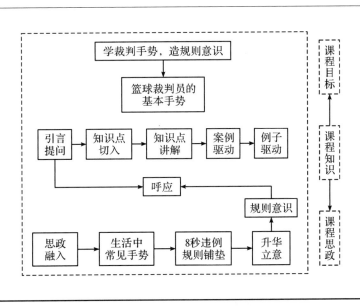

续　表

教学环节	教学活动	思政融合	设计意图	时长
导入	如果人类没有语言,那么我们该如何交流呢? 篮球裁判员的 基本手势		回顾并建立课程基础	20秒
提出问题	理解手势的作用与意义 生活中常见手势及其意义	生活中常见手势及其意义	引发学生思考,强化主动性	20秒
提供案例	3个生活中常见手势的案例:敬礼手势、确认手势、庆祝手势	构建思政教学基本背景:感受中国民族精神	以真实案例支持整个课堂	1分钟
思政衔接	当语言不能充当沟通的桥梁时,身体手势也可以成为沟通的媒介 裁判员手势是篮球规则在比赛中的一种具体表现形式	特定条件下,裁判员主要交流方式	解释篮球裁判员利用手势的原因	20秒

教学环节	教学活动	思政融合	设计意图	时长
创设情景	假如你是现场裁判,你会采用什么样的方式告诉同伴准备好了?	思政铺垫	引发学生思考,强化手势的学习	3.5分钟
体育游戏	数字手势强化练习	强化规则意识,在规则下进行游戏	通过游戏激发学生练习兴趣	1分钟
案例分析	分析NBA活塞队客场挑战湖人队总分为37分的篮球比赛	正面阐述:规则意识的重要性	证据链呈现	2分钟
引用论证	引用中国古代教育家孟子所言"不以规矩,不能成方圆"	论证中国自古以来的规则意识	以逻辑性强化认同	10秒
创设情景	假如你是中国职业篮球联赛中的裁判员,对运球过半场进行读秒手势计时	学会在比赛中遵守体育规则	遵循公平竞争的体育精神	1分钟

续　表

教学环节	教学活动	思政融合	设计意图	时长
升华立意	走上社会后,我们才能更好地树立正确的社会规范意识,传播积极的社会价值观和正能量	敬畏规则,以小见大	引发学生对社会道德与规范意识的思考	20秒
总结	总结课程	引用论证	提炼课程要点,强化教学效果	20秒

五、具体教学设计2　"学战术配合,悟团队品质:突破技术与突分战术"课程

表3展示了"学战术配合,悟团队品质:突破技术与突分战术"课程思政教学设计。

表3　"学战术配合,悟团队品质:突破技术与突分战术"课程思政教学设计

教学内容		学战术配合,悟团队品质:突破技术与突分战术
思政元素		合作意识与团队精神养成
教学时数		1学时(约11分钟),本节段属于第5章第2节
教学目标	专业技能目标	(1)通过跳跃砸板接力练习和团队游戏熟悉球性,掌握保护运球的方法。(2)学习持球交叉步突破时的重心与高度,在比赛中运用突破分球战术的配合方法
	思政育人目标	(1)引导学生以良好的心态和积极的状态去面对成就与挫折,学会支持与鼓励队友。(2)引导学生正确处理好个体与集体间的关系,激发学生的集体荣誉感,学会团结协作,形成乐于助人的优良品质
教学资源	专业资源	(1)余丽华、张月英、高瞻主编:《篮球》,北京体育大学出版社2021年版,第3章。(2)浙江省线上一流课程,《体能攻略》,2019—2022,爱课程MOOC,课程负责人同为申请人,第4章
	思政资源	(1)热身挑战赛:团队跳跃砸板接力练习。(2)团队游戏:眼疾手快抢断球练习。(3)篮球持球交叉步突破技术双人配合练习,以及三人配合突破分球战术练习
	案例资源	(1)当前新冠疫情仍然在全球蔓延,中国在团结克服自身困难的同时,已成为世界上对外提供新冠疫苗数量最多的国家。(2)习近平总书记提出的人类命运共同体的观念:"大道之行也,天下为公"①
课程思政学情分析		"学战术配合,悟团队品质"是第5讲"篮球运球突破技(战)术"中的核心内容。从学情上来看,学生已经学习了持球交叉步和顺步的突破技术,为运球突破战术的学习做好了铺垫,但对于学生在篮球比赛中团队精神与合作意识的培养有待加强

---

① 出自2015年9月28日习近平在美国纽约联合国总部举行的第70届联合国大会一般性辩记时的讲话。

教学重难点分析	
教学重点	跳跃砸板接力时对篮球的控制与协调能力
教学难点	持球交叉步突破时的低重心,突破分球的时机掌握
思政突破点	《团结就是力量》这首歌曲,引发同学对于团队配合的思考。通过中国在克服自身困难的同时为世界提供疫苗的例子,佐证所切入的思政观点,学生应增强对人类命运共同体观念的理解,坚定制度自信。通过热身挑战赛,制造困难,学生互相鼓励、互相帮助并完成任务;通过团队游戏,学生在游戏中理解团队精神;通过技术与战术练习,学生学会相互的协作与配合,强化自身对协作配合的理解
教学方法与过程	
教学方法	本节课遵循"有效教学"的理念,聚焦课程思政教学的"入脑入心",围绕"如何提高合作意识与团队精神"这一问题进行设计,以交流与共享为切入点,加强班级同学之间的交流与合作,共同探索"合作共赢"的有效途径。同时,强化课程思政教学的真实性与感染力,让学生感受到团队价值观的培育无处不在。 本节课采用"比赛＋视频"方式,按照"三二三"课程思政混合式教学模式进行组织,在学习篮球突破分球战术配合阶段,在布置热身挑战赛、团队游戏和战术配合练习后,观看中国篮球联赛中运用突破分球的实战视频,通过跳跃砸板接力练习,制造困难,学生通过齐心协力的练习,理解互相鼓励与帮助的意义;通过团队游戏,学生在游戏中理解团队精神;通过技术巩固——双人配合练习,学生应学会相互协作与配合
	案例教学:当前新冠疫情仍然在全球蔓延,中国在团结协作克服自身困难的同时,已成为世界上对外提供新冠疫苗数量最多的国家。迄今,中国已向世界110多个国家和国际组织提供了超过20亿剂的疫苗
	情境教学:本堂课在通过观看CBA联赛中运用持球交叉步突破与突破分球战术的实战视频的基础上创设情境。学生作为篮球运动员进行技术与战术练习,通过双人配合练习,学会相互协作与配合。通过战术配合练习,学生应能利用协作与配合获取胜利,强化对协作配合的理解
	游戏教学:本堂课设置团队游戏:眼疾手快。2种颜色队服的同学互为团队,在半场范围内通过配合将所有对手的球拍出线外,拍对方球时需要注意保护自己与队友的球不被拍出线外
教学过程设计思路	

续　表

教学环节	教学活动	思政融合	设计意图	时长
导入	有一首歌大家一定很熟悉,那就是《团结就是力量》		回顾并建立课程基础	30秒
思政切入	大到国家大事,小到日常生活,团结协作都是至关重要的	思政铺垫	引导学生了解民族凝聚力、国家团结的意义	20秒
创设情境	新冠疫情期间,中国成为向外提供苗最多的国家	构建思政教学基本背景	以真实案例支持整个课堂	1分钟
挑战练习	热身挑战赛:跳跃砸板接力练习	引导学生齐心协力,互相给予鼓励与帮助	激发学生兴趣,强化主动性	2分钟

教学环节	教学活动	思政融合	设计意图	时长
团队游戏	团队游戏:眼疾手快 	引导学生学会保护自己与队友	学会合作共赢,建立基础	2分钟
创设情境	观看CBA中的持球交叉步技术 	考验学生的协作配合能力	团队精神呈现,以逻辑性强化认同	10秒
技术巩固	强化双人配合练习 	引导学生从考虑自己到考虑双人的实际改变	培养学生学会相互配合的意识	2分钟
战术练习	突破分球的战术配合 	使学生理解协作不仅是一种意识,也是一种能力	培育学生的协作能力	2分钟
提出问题	你从团队练习中感到了什么? 	深刻理解队友是在你砸板失败后,依旧给你鼓励、相信你的人	引发学生思考,强化主动性	30秒

续 表

教学环节	教学活动	思政融合	设计意图	时长
提出问题	你认为什么是团队？	深刻理解队友是在你砸板失败后,依旧给你鼓励、相信你的人	引发学生思考,强化主动性	30秒
总结	课程总结 印度诗人、文学家泰戈尔 惟有具备强烈合作精神的人,才能生存,创造文明。	拔高立意,总结升华	提炼课程要点,强化教学效果	20秒

六、具体教学设计3 "练身体意志,强文明精神:信任背摔与死亡爬行"课程

表4展示了"练身体意志,强文明精神:信任背摔与死亡爬行"课程思政教学设计。

表4 "炼身体意志,强文明精神"课程思政教学设计

教学内容与目标		
教学内容	炼身体意志,强文明精神:信任背摔与死亡爬行	
思政元素	健康意识与拼搏精神培养	
教学时数	1学时(约11分钟),本节段属于第4章第2节	
教学目标	专业技能目标	(1)了解中国居民整体健康水平,学会在背摔练习中保护同伴的方法。 (2)通过自我挑战,即死亡爬行练习提升身体的力量素质和心肺能力,促进体质的发展
	思政育人目标	(1)引导学生学会克服内心的恐惧,能够信任同伴并建立安全感。 (2)培养学生的进取精神,使学生拥有挑战自我、顽强拼搏、永不言败的精神,为社会发展贡献昂扬向上的生活理念与精神状态
教学资源	专业资源	(1)张军、沈建国主编:《大学体育教程》,浙江工商大学出版社2021年版,第6章。 (2)浙江省线上一流课程,《体能攻略》,2019—2022,爱课程MOOC,课程负责人同为申请人,第7章
	案例资源	(1)有学生成绩每次都居班级前列,但因为体测成绩不合格,没能获得奖学金(全国学生体质健康持续多年下降)。 (2)羡慕同学的身材,却依旧躺在宿舍里追剧,不愿起身运动(全国普通人群中每4人中就有1人肥胖)。 (3)发现疾病离自己并没有那么遥远,却还是心存侥幸地活着(全国每天约有1000人确诊癌症)

		教学内容与目标	
教学资源	思政资源	(1)自我挑战1:信任背摔。 (2)自我挑战2:死亡爬行	
课程思政学情分析		"练身体意志,强文明精神"是第4讲"传接球与定点投篮"中的身体素质练习。从学情上来看,学生通过前几次课的练习,心肺与力量都有了不同程度的提升,为本次课的练习打下了基础。本次课通过2项不同的挑战培养学生的健康意识与拼搏精神	

	教学重难点分析	
教学重点	信任背摔时克服心理的恐惧,信任同伴,学会在背摔练习中保护同伴的方法	
教学难点	死亡爬行时身体到达极限后的毅力与坚持,学会死亡爬行的动作练习方法	
思政突破点	"如果今天是你大学毕业前的最后一天,你是否没有任何遗憾?"利用这个问题引发学生对自身体质健康的思考。了解目前中国居民体质健康的状况,提高学生对自身健康的重视程度,并找出学生不够重视自己健康状况的原因:没目标或没梦想,还是没自信。通过2项自我挑战练习,学生学会克服内心的恐惧,信任同伴,发挥顽强的拼搏精神,不轻言放弃,最终明白自身的潜力与决心到底有多大,实现"从现在开始运动"这一目标	

	教学方法	
教学方法	本节课遵循"有效教学"的理念,聚焦课程思政教学的"入脑入心",围绕"如何培养健康意识与拼搏精神"这一问题设计,强化课堂练习密度,强调师生互动、生生互动、运动体验、运动吸引、运动感染,把学生的思想兴趣、精力和志向引导到体质与健康需求上来。 本节课采用"任务+讨论"的方式,按照"三二三"课程思政混合式教学模式进行组织。在身体素质训练阶段,进行团队合作,挑战自我练习:信任背摔和双人配合;极限身体素质练习:死亡爬行前。对"如果今天是你大学毕业前的最后一天,你是否没有任何遗憾?"这个问题展开讨论。通过讨论大学生中因生活不规律、缺乏体育锻炼、健康意识薄弱而引发的多种问题,传递科学的健康理念,突出获取健康的关键在于行动。通过练习与鼓励,学生能够建立改变的信念与决心,用实践教育提升课程思政教学的说服力	
	案例教学:整节课首先根据"假如今天是你毕业前的最后一天"展开,通过案例讨论如学习成绩每次都名列班级前茅,却因为体测成绩不合格没能获得奖学金;羡慕同学的身材,却依旧躺在宿舍里追剧,不愿起身,等等,促使学生关注自身体质健康	
	情境教学:本节课的教学在真实案例基础上创设情境。一名学生爬上1.5米的平台后,身体直立自然向后倒下,其余学生伸出双手两两成对,接住并保护他,以此增强学生的体验感,增加课程思政教学的共情力	
	激励式教学:本节课以激励式教学展开,以"蒙住双眼"为限制,创造个人死亡爬行最好成绩,强化课程思政教学的感染力	

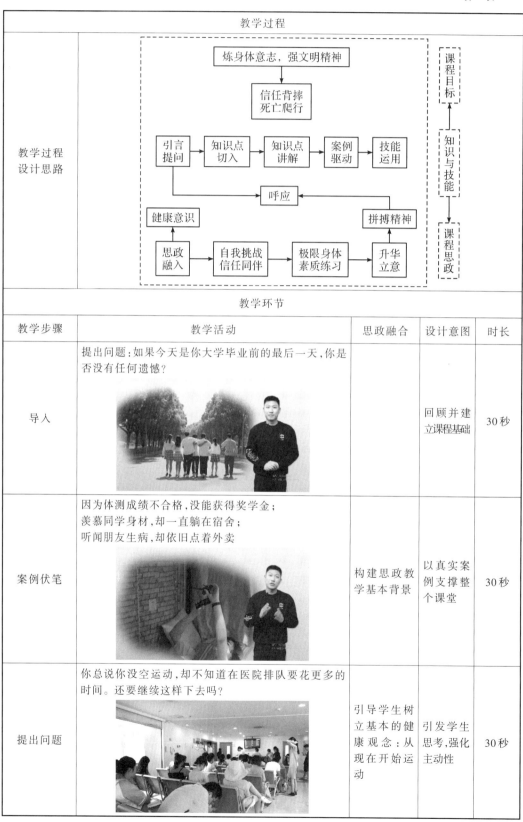

教学过程				
教学过程 设计思路				
教学环节				
教学步骤	教学活动	思政融合	设计意图	时长
导入	提出问题:如果今天是你大学毕业前的最后一天,你是否没有任何遗憾?		回顾并建立课程基础	30秒
案例伏笔	因为体测成绩不合格,没能获得奖学金; 羡慕同学身材,却一直躺在宿舍; 听闻朋友生病,却依旧点着外卖	构建思政教学基本背景	以真实案例支撑整个课堂	30秒
提出问题	你总说你没空运动,却不知道在医院排队要花更多的时间。还要继续这样下去吗?	引导学生树立基本的健康观念:从现在开始运动	引发学生思考,强化主动性	30秒

教学步骤	教学活动	思政融合	设计意图	时长
挑战练习1	完成第一项自我挑战:信任背摔 信任背摔 一名同学爬上1.5米的平台后,身体直立自然向后倒下,其余同学伸出双手两两成对,接住并保护他。	引导学生学会克服内心的恐惧,建立信任	挑战合作式练习,激发学生相互鼓励与帮助	1.5分钟
挑战练习2	完成第二项自我挑战:死亡爬行 死亡爬行 一项由双人完成的极限身体素质练习,一人俯卧,用手和脚支撑地面,膝盖不得接触地面,另一人卧于俯卧同学的背上,两手紧搂其肩部,两脚相应悬空,不能着地。	思政铺垫	双人完成的极限身体素质练习	20秒
提出问题	大家在以往练习中爬行的最远距离是多少? 	激励学生挑战大家"死亡爬行"的最好成绩	引发学生思考,强化主动性	1分钟
创设情景	将所有参与练习的学生的眼睛蒙起来 	点明主题:预防当同学达到某个距离的时候就放弃了	强化教学效果	1分钟
激励提升	在挑战过程中,不断鼓励与支持,强调用尽全力。50个加油,20个继续努力,15个可以的,10个坚持下去 	构建思政教学关键点	引导学生坚持到底,不抛弃,不放弃	3分钟

续 表

教学步骤	教学活动	思政融合	设计意图	时长
总结验证	总结验证:通往成功之路必须具备哪些品质 半个足球场长度约为50米	点明主题:要成功必须坚持,必须忍耐,还有内心爆发的小宇宙	培养学生的毅力,一定要有完成目标的决心	1分钟
提出问题	回归主题:从现在开始 你,还要这样下去吗?	正面阐述:从现在开始运动	引发学生思考,强化主动性	20秒
总结	总结课程 运动 有氧运动 健身 拉伸 慢跑	健康意识与拼搏精神培养	鼓励学生:趁一切都还未成定局,我们重新出发	30秒

"大学篮球"课程思政微课设计

刘　志[①]

一、课程基本情况

篮球运动是一项深受人们喜爱的体育运动,它集健身、娱乐、竞技于一体。其特点是在特定的规则限制下,两队队员以高强度的身体对抗和快速的攻守转换,集整体的团队配合智慧和高超的篮球技(战)术协同配合于一体,抢夺与防守、限制与反限制。篮球运动拼智、拼技、拼体、拼力,要求运动者有聪颖的智慧,还要有较好的体能基础、顽强的意志、必胜的信心、和谐互助的团队精神和顽强拼搏的作风,具有极高的锻炼价值。图1—图7展示了篮球运动的不同环节。

表1展示了"大学篮球"课程的基本信息。

表1　"大学篮球"课程基本信息

课程名称	大学篮球
课程所属学科门类	教育学
课程类别	☑公共课　□专业基础课　□专业课
课程学分/学时	1/32

① 刘志,浙江工商大学体育工作部讲师。

图1　篮球运动员合照

本课程通过对篮球运动演变发展史、篮球运动常见损伤的处理与预防、篮球规则等的讲解,了解现代竞技篮球的格局,学生通过学习篮球技术动作和战术配合,掌握篮球的基本技术和战术,并能够在比赛实战中进行较为合理的运用。此课程可以培养学生理论与实践相结合的能力,并且能够有效地组织和开展篮球比赛活动等。更重要的是,在课程思政的价值引领下,学生在篮球课程的技术动作不断练习过程中更加坚定理想信念,全面提升自身素质,课程充分发挥了体育运动"享受乐趣、增强体质、健全人格、锤炼意志"的育人功能。

二、课程思政育人理念与目标

(一)育人理念

1.以"健康第一"为理念

以学生为中心,将德育、智育、体育、美育有机地统一在教育活动的各个环节之中,是素质教育的根本目标。教育的本质是以人为本,促进人的健康发展。"健康第一"的理念充分体现了对学生主体地位的尊重,对学生个性发展的重视,从而促进学生的全面发展。

2.以"终身体育"为理念

终身体育是指一个人终身进行身体锻炼和接受体育教育。在篮球教学活动过程中,培养终身体育要求让学生长期坚持体育锻炼,培养学生浓厚的体育兴趣并稳固持久;掌握篮球基础知识和基本技能;参加体育锻炼时有成就感和获得感,并伴随着愉快的运动体验,运动过程中充满了乐趣,运动氛围轻松、融洽;最终把体育锻炼作为生活的一部分,让体育锻炼成为学生的生活方式之一。

3.以"全面发展"为理念

坚持篮球课堂教学与课外活动相衔接、培养兴趣与提高技能相促进、群体活动与运动竞赛相协调、全面推进与分类指导相结合的原则,全面提升课堂教学的教学效果,增强学生爱党爱国的情怀,健全学生人格品质,切实发挥体育锻炼在培育和践行社会主义核心价值观、充分发挥体育"享受乐趣、增强体质、健全人格、锤炼意志"的育人功能,培养学生团队合作、遵守规则、百折不挠、顽强拼搏的体育精神。

（二）育人目标

1.价值引领目标

让学生坚定理想信念,以爱党、爱国、爱社会主义、爱集体和爱学校为主线,增强其政治认同、家国情怀,摆正砥砺前行的心态,树立远大的人生理想。

2.情感培养目标

让学生在学习的过程中,培养团队合作、认真刻苦、享受乐趣、不畏困难、百折不挠、顽强拼搏的体育精神,大大提高学生学习的获得感和自信心,让学生产生更强的积极性。

3.技能学习目标

让学生意识到团队协作、坚持到底的重要性,在实战比赛中遵守规则、尊重对手,时刻保持高度专注、放平心态不骄不躁,展现更加高超的技术战术水平,呈现精彩实战比赛。

图2　篮球运动员赛前加油打气

三、课程思政元素与融入点

表2展示了"大学篮球"课程思政教学元素与融入点。

（一）篮球理论学习

篮球运动发展历程,技术战术理论,篮球竞赛理论。国家男女篮、学校篮球队参加重大比赛的历史和取得的重要成绩状况,运动损伤的处理等理论知识的学习使学生坚定理

表2 "大学篮球"课程思政教学元素与融入点

课程专题/知识单元	专业知识点	思政元素	专业知识点与思政点的融合	课程思政的实施路径与方式
理论课教学	篮球发展史，国家队、校篮球队成绩，运动损伤的处理	爱国主义集体主义热爱学校	了解国家队、校队征战重大比赛，增强爱国主义情怀	理论学习探究式教学
基本技术动作教学	移动和运球技术	坚定信念遵守规则	通过技术动作练习树立理想目标	技术动作练习讲解示范教学
	传接球技术	团队合作刻苦训练	通过技术练习形成刻苦训练的作风	技术分组练习讲解示范教学
	投篮技术	不折不挠精益求精	通过技术练习培养不折不挠的精神	技术动作练习讲解示范教学
	运转投组合技术	坚定信念刻苦训练		技术分组练习讲解示范教学
	篮板球技术、快攻技术	坚定信念超越自我	通过技术练习培养超越自我的精神	技术分组练习讲解示范教学
	篮板球长传快攻	坚定信念坚忍不拔	通过技术练习培养坚忍不拔的精神	技术分组练习讲解示范教学
理论课教学	篮球竞赛的组织与编排法	集体主义团队合作	通过技术练习培养团队合作的精神	理论学习探究式教学
基本技术动作教学	体质测试（秋季）、有氧耐力（春季）	顽强拼搏超越自我	通过技术练习培养顽强拼搏的精神	技术动作学习讲解示范教学
基本战术配合与实战	突破技术、突分配合、全队进攻战术（微视频教学）	团队合作积极进取	通过战术配合培养顽强拼搏的精神	技术分组练习讲解示范教学
基本战术配合教学	掩护基本配合	团队合作顽强拼搏	通过战术配合培养团队合作的精神	技术分组练习讲解示范教学
基本战术配合与实战	投篮练习与全场教学比赛	团队合作勇于担当	通过实战比赛培养团队合作的精神	技术分组练习讲解示范教学
	掩护配合与全场教学比赛	团队合作遵守规则	通过实战比赛树立遵守规则的精神	技术分组练习讲解示范教学
	全场综合技术与教学比赛	团队合作顽强拼搏	通过实战比赛培养团队合作的精神	技术分组练习讲解示范教学
技能测试	篮球综合技战术	遵守规则团队合作	通过技能测试培养遵守规则的精神	逐个测试考核
	篮球综合技战术	团队合作精益求精	通过技能测试培养团队合作的精神	逐个测试考核

想信念,以爱党、爱国、爱社会主义、爱集体和爱学校为主线,增强其政治认同、家国情怀,摆正砥砺前行的心态、树立远大的人生理想抱负。

(二)动作技能学习

学生通过运球、传球、投篮、持球突破、篮板球、快攻、战术配合等技能的学习,意识到团队协作、坚持到底的重要性,在学习的过程中培养团队合作、享受乐趣、不畏困难、百折不挠、顽强拼搏的体育精神。

(二)团队实战比赛

在实战比赛中遵守规则、研究对手的特点,重视对手的技术战术和重点队员,时刻保持高度专注、放平心态、不骄不躁,展现更加高超的技术战术水平和呈现精彩实战比赛实况。尊重规则、尊重对手、扬长避短,有坚持到底的韧劲,才能取得实战比赛的胜利。

图3　篮球比赛(1)

四、教学设计与教学实施

(一)学情分析

1.授课对象

授课对象为普通在校大学生,学生虽具有一定的篮球技术战术基础,但是基本功还不够扎实,同伴之间传接球的配合默契度还不够。同时,由于学生实战经验不是很丰富,在实战对抗中突破后对同伴位置变化的及时观察和判断也有待于提高。此外,学生自主判断后选择的传球方式有待改进,传球质量也有待提高。

2.教学内容

课堂主要教学内容包括交叉步突破上篮、瞄篮＋交叉步突破上篮、突破分球训练,全队进攻基础战术演练以实战等。本次课教学内容既有体现学生身体素质、速度和反应以及球性熟练程度的突破上篮、体现瞄篮虚晃假动作和突破相结合的基本技术,又有需要学生注意力高度集中,按照篮球规则体现的篮球团队配合。课程的内容由简单到复杂,课程难易度由容易到难,学课程内容前后呼应、一脉相承,课程要求层层递进。

(二)教学重难点

1.教学重点

本次课教学的重点是学生在学习过程中如何熟练掌握交叉步突破技术,准确把握突破时试探步、蹬地、转体、推放球、加速上篮,不发生走步违例。学生在瞄篮的时候,要把瞄篮假动作做得逼真,让对手相信他真的是准备去投篮。学生在学习突分配合的时候,对突破的时机,传球的时机、方式、位置和球飞行的弧线的要求都非常高。此外,同伴间配合的默契程度高低是能否完成高质量传球的关键。

2.教学难点

突破上篮时候重心低且第一步蹬地加速有力,快速超越对手,空中对抗后控制平衡上中篮。突破后,用余光观察同伴的位置变化,根据同伴与防守人的位置关系来选择传球方式,并且把握合适时机后高质量地传接球,这是本次课教学的难点。

图4 篮球运动员赛中打气加油

(三)教学目标

1.价值引领目标

通过对篮球发展史、中国篮球竞技运动的发展状况等理论知识的学习,学生坚定理想信念,以爱党、爱国、爱社会主义、爱集体和爱学校为主线,增强政治认同、家国情怀,摆正砥砺前行的心态,树立远大的人生理想。通过对基本移动、突破技术、传接球技术,进攻基础战术配合的学习,学生对动作技术有了基本的认识并加以练习,从而形成高度自律,发扬积极进取、坚忍不拔、坚持到底的精神。

2.情感培养目标

在巩固和提高篮球基本动作技能的学习中,学生有了更多的获得感,有助于形成勇敢自信、团队合作、认真刻苦、享受乐趣、不畏困难、百折不挠、顽强拼搏的体育精神。

3.技能学习目标

通过篮球实战比赛中的学习,学生意识到团队协作、坚持到底的重要性,在实战比赛中遵守规则、尊重对手、勇敢自信、机智果断、胜不骄、败不馁,发扬无私奉献、一起承受失败、迎难而上、分享胜利的集体主义精神。

图5 篮球比赛(2)

（四）教学方法

（1）讲解示范教学法:教师把课堂重点内容的动作技术要点和练习方法以先讲解再示范的方法实施在教学过程中。

（2）分解练习教学法:教师把完整的或几个技术组合的技术动作,按照技术动作的特点来分步讲解和示范,一步一个脚印,由简单到复杂,逐步提高学习要求。

（3）分组练习教学法:教师根据位置技术、身体素质发展水平、运动能力水平、性别等因素,把学生分成几组来进行教学组织。

（4）树立榜样教学法:把篮球课堂练习过程中做得比较优秀的学生单独拉出来,让他给其他学生做示范,以起到积极的带头示范作用。

（5）集中纠错教学法:对于教学过程中容易出现的问题或错误,教师集中给予讲解。

（6）探究式教学法:教师引出主题后让学生自己通过阅读、观察、实验、思考、讨论、听讲等途径去独立探究,自行发现并掌握相应的原理和结论。该方法的指导思想是在教师的指导下,以学生为主体,让学生自觉主动地探索,掌握认识和解决问题的方法和步骤。在探究式教学的过程中,学生的主体地位、自主自学能力都得到了加强。

（7）比赛实战教学法:通过组织篮球实战比赛,学生将所掌握的技术动作加以运用,勇于尝试,其技术战术能力在实战比赛中得到了检验。

（五）教学过程

第一部分:准备部分

（1）训教学常规:教师宣布训练的目标、内容及要求。

（2）热身:帮助学生进入运动状态,避免受伤。

第二部分:基本部分

（1）交叉步突破技术。

（2）交叉步突破分球战术配合。

（3）全队战术演练:"八字"进攻基础战术。

（4）体能训练。

第三部分:放松和总结部分

教师总结,学生主动放松肌肉,教师回收器材并宣布下课。

（六）形成性评价

1.教学过程

练习氛围好,学生认真活泼,严肃有交流,同伴间有配合、有鼓励。

2.教学效果

预计:平均心率为每分钟120次,最高心率为每分钟160次;运动负荷为中大。

图6　篮球比赛（3）

五、教学反思

古人云："吾日三省吾身。"个人在言谈举止、行为习惯、成长收获方面需要反思,教育教学育人工作也同样需要反思。反思不仅可以转变教师的教学观念,提升其专业素养,还可以改善其教学行为,提高其教学水平。

(一)教学理念反思

"理念引领目标。"体育教学首先强调价值塑造,然后才是能力培养、知识技能传授。体育教学理念是指向学生传授体育知识、技术与技能,有效锻炼学生身体,增强其体质,培养其道德意志品质的一种理念。没有好的教学理念,教学目标就难以实现,而且教学活动就有可能"有形而无神"。

重视教书育人过程中的立德树人,要求教师讲道德、树正气、多鼓励、多交流,强调师生之间、学生之间互动,最大限度地发挥学生的创造性。教师不仅要重视知识技能的传授,还要重视技能的练习。忽视人文素质的培养,学生就会对通识教育理念认识不清,容易被社会趋"利"化地影响;不重视身体素质的锻炼,会导致大学生忽视高校体育课程。

因此,需要提高学生的自身能力和参与的积极性,发挥学生的创造性,培养学生良好的心理素质,促进学生身心健康,培养其健全的人格。

(二)教学目标反思

教学目标反思的内容包括:学生能否完成本节课的教学目标,教师能否有效地把握目标,有没有从学生的实际出发。教师在设置学习目标的时候,要充分考虑到不同学段学生在身体条件、性别特点、个性特征、兴趣爱好、运动基础、接受水平等方面的共性和个性,既要从宏观上分析学生的身心特征,又要从微观上分析本班的特点。

以本为本,以纲为纲,灵活执教,确保教学目标的完成与实施。小学体育教学要增强学生体能,使其掌握和应用基本的体育与健康知识和运动技能;增强运动的兴趣和爱好,形成坚持锻炼的习惯;具有良好的心理素质,表现出人际交往能力和合作的精神;提高对个人健康和群体健康的责任感,养成健康的生活方式。在体育教学中明确学生所要达到和完成的任务和目标,发挥体育精神的积极作用,形成积极进取、乐观开朗的生活态度。

(三)教学内容反思

"目标引领内容",使我们有更大的空间来选择教学内容进行教学。我们选择的教材必须是要有所创新的,是学生感兴趣的,是学校的教学条件能够达到的,是教学体系所允许的。譬如,我们要让学生学习"三级跳远"这个课程,如果按常规使用沙坑进行教学,那这节课的练习密度肯定上不去,达不到该有的强度。有一位老师在上这个课程的时候,就很好地利用了篮球场地和体操垫进行前面的分解动作教学,这样既打消了学生的恐惧心理,又增加了挑战性。在练习过程中,可以把学生分成多个学习小组,不仅提高练习密度和强度,而且还达到了分层教学的目的。

(四)教学方法反思

教学方法反思主要包括以下几个内容。

首先,思考的是教师的讲解是否言简意赅,学生能否听懂。讲解法是指教师运用语言向学生说明教学目标、动作名称、动作要领、动作方法和要求,以指导学生学习和掌握体育的基本知识、技术和技能进行练习的一种方法。

其次,教师的动作技术示范是否标准流畅,教师以自身完成的动作为示范,用以指导学生进行学习。它在使学生了解所学动作的表象、顺序、技术要点和领会动作特征方面具有独特的作用。

最后,教师的分解练习和完整练习是否一脉相承、层层递进。从动作开始到结束,从单一技术动作到组合技术动作,将运动技术一一教会学生,让学生一步一个台阶,逐步提高自身运动技术水平。

图7　篮球运动员在呐喊助威

六、教学特色与教学创新

(一)推进教学理念创新,形成终身体育锻炼习惯

篮球课堂教学以课程思政为引领,培养学生的家国情怀,践行社会主义核心价值观,培养其责任感,强化其使命担当。推行课内外一体化,每天锻炼1小时,健康工作50年,幸福生活一辈子。在教学过程中根据学生的身体素质发展水平和基本篮球技(战)术水平的实际情况,充分尊重学生的想法,以学生兴趣为突破口,随着课内外教学活动的展开,结合教师引导学习和强化练习,学生的运动流畅感和运动成就感倍增,学生在篮球锻炼和比赛的过程中确实感受到了篮球运动的乐趣和快乐。篮球技(战)术水平在一体化的教学训练模式中潜移默化地得以提高的同时,运动动机由被动变为主动,学生有着愉快的运动体验。兴趣是最好的老师,一旦插上兴趣的翅膀,学习必然会延续到日后的工作和生活中

去,使学生受益终身。

(二)优化课堂教学模式,推进篮球课程教学改革

本课程一改往日乏味的课堂教学,根据不同层次学生的学习需求,优化课堂教学内容,把提高学生篮球实战能力作为教学重点,构建创新篮球课程课内外一体化教学模式。把学生分成不同的层次和小群体,按照学生对篮球技术动作不同层次的真实需求,根据队员的训练需求特点来设计教学内容,训练内容由单一技术到组合技术,训练要求层层递进,训练结构前后呼应,训练重点内容有层次地推进。结合课堂教学、课外篮球俱乐部锻炼和篮球竞赛为一体。教学就是打基础,课外锻炼就是技术强化提高,实战比赛就是篮球技(战)术的应用,促进"以教促练、以赛代练、以赛促学"高效的学习,篮球课堂教学对学生具有很强的吸引力。

(三)改进教学手段,营造全面育人的课堂氛围

体育竞技比赛是体育教学训练活动的灵魂与核心。把握好这个关键点,所有的体育锻炼都有了方向和目标,学生也就有了内在动力,他们会积极主动地参加篮球课堂练习。同时,积极探索课堂教学规律和充分发挥体育"享受乐趣、增强体质、健全人格、锤炼意志"全面育人的功能,围绕立德树人目标,发挥体育自身学科独特的育人优势,从多个维度构建全方位、立体化的育人格局。在体育教学训练的过程中,落实德育,立德树人。体育比赛的魅力就在于,在一个变化的竞技环境中去应变需要充足的自信心,技术战术修养及不畏强敌、勇于拼搏的精神。在培养敢于超越自我、面临困难、锐意进取、捍卫集体荣誉感、建立正确积极的人生观和价值观方面具有独到的作用,让学生在自觉、自主的体育锻炼氛围中真正理解体育的价值所在。

"公共事业管理学"课程思政微课设计

章小初[①]

一、基本信息

表1展示了"公共事业管理学"课程的基本信息。

表1　"公共事业管理学"课程基本信息

课程名称	公共事业管理学
课程所属学科门类	管理学—公共管理
课程类别	□公共课　　☑专业基础课　　□专业课
课程学分/学时	3/48

　　"公共事业管理学"是公共管理专业的专业核心课。本课程通过系统介绍公共事业管理的理论知识、基本方法,帮助学生构建完整的知识体系,并熟悉公共事业管理的理念、工具与方法;融入课程思政,采用公共事业管理案例教学理论联系实际,培养学生分析和解决公共事业管理问题的能力,为今后在组织中从事实际公共事业管理和相关工作,打下良好的理论与实践基础。

二、课程思政育人理念与目标

(一)课程思政理念

　　公共事业管理学作为公共管理专业的专业基础课,是为党政机关、企事业单位和其他公共部门培养担当中华民族复兴大任的专业管理人员服务的。教学中要坚持知识传授与社会主义核心价值观引领相结合,运用可以培养大学生理想信念、价值取向、政治信仰、社会责任

[①] 章小初,浙江工商大学杭州商学院讲师。

的题材与内容,结合中西方公共事业管理政策与工具的对比,以及我党、我国公共部门在公共事业管理中的创新与实践等教学内容,融入科学思维、经世济民等德育元素,将价值导向融入课程之中,让专业课程成为铸魂育人的生动课堂。

（二）课程思政目标

坚持以马克思主义为指导,构建中国特色公共事业管理学术和话语体系,拓展课程的广度、深度和温度,坚定中国特色社会主义道路自信、理论自信、制度自信、文化自信,从学科知识、专业技能和职业素养3个方面培育学生成为经世济民的高水平应用型公共事业管理者。

子目标1:结合我国公共事业管理、新公共服务的理论与方法,构建中国特色公共事业管理学术和话语体系,拓展课程广度,培养理论自信。

子目标2:结合中国传统和当代公共事业管理创新实务案例,理论联系实际,强化政治认同和职业素养,挖掘课程深度,培养道路自信。

子目标3:结合公共管理本土社会实践,培育和践行社会主义核心价值观,引导学生了解世情、国情、党情、民情,提升课程温度,培养道路自信、制度自信。

子目标4:结合党史、党的理论和中华优秀传统文化教育,引导学生爱国爱党,激发使命担当,拓展课程的广度,增加课程的深度,提升课程的温度,培养文化自信。

三、课程思政元素与融入点

由于公共事业管理学是一门理论性与实践性并重的课程,虽发源于西方的政治学和社会学理论,却扎根于中国大地、服务于中国现实,因此在课程思政中融入中国理论与方法、中国实践、中国历史与文化和本土实践等元素。

子元素1:中国理论与中国方法。融入我国公共事业管理、新公共服务的理论与方法,实现中西方理论、工具的结合。

子元素2:中国案例与中国实践。融入中国传统和当代公共事业管理创新实务案例,实现历史与当代的结合。

子元素3:本土实践。融入社区、公共部门等社会实践,实现理论与实践相结合。

子元素4:中国历史与中国文化。融入中国历史、党史和中华优秀传统文化教育,实现历史、文化与社会管理的结合。

图1为融入课程思政的现场教学。

图1　融入课程思政教学现场

表2展示了"公共事业管理学"课程思政元素与融入点。

表2　"公共事业管理学"课程思政元素与融入点

课程专题/知识单元	专业知识点	思政元素	专业知识点与思政点的融合	课程思政的实施路径与方式
第1讲　公共事业管理概述	公共事业管理的对象	中华传统文化	"举而措之于天下之民，谓之事业"——《易经》	课堂讲授
	公共事业管理组织	中国理论与方法	国民经济行业分类（GB/T 4754—2017）	课堂讲授
第2讲　公共事业管理的主体	市场失灵，政府失灵	中国实践	案例：国家发改委对进口汽车的反垄断调查	案例讨论
	课程作业1	中国实践	案例：我国政府机构改革的回顾和反思	课后作业课堂讨论
第3讲　公共事业管理的职能与要素	公共事业管理中的激励	中国实践	思想政治工作的本质	课堂讲授与讨论
	公共事业管理中的控制、效率	中国实践	海尔与格力管理控制案例盒马的效率案例	课堂讲授
第4讲　公共事业管理方法与技术	公共事业管理的战略管理	中国理论	中国人民解放军对战略与战术的定义	课堂讲授
	公共事业管理的目标管理	中国实践	浙江省"最多跑一次"案例	观看视频互动讨论
第5讲　公共事业管理的伦理、道德、责任与监督机制	公共事业道德	中国实践	《公民道德建设实施纲要学习读本》《人民的名义》	课堂讲授观看视频
	课程作业2	中国实践	分析《2021年政府工作报告》提出的公共问题与措施	课后作业课堂讨论

课程专题/知识单元	专业知识点	思政元素	专业知识点与思政点的融合	课程思政的实施路径与方式
第6讲 公共事业管理的法律制度	公共事业管理的法制	中国理论 中国实践	我国政府组织法制,我国事业单位、社会团体法制,我国公共事业组织立法的历史沿革	课堂讲授
第7讲 公共事业组织财务管理	公共事业组织的财务管理	中国实践	我国各类公共事业管理组织的财务管理及主要内容	课堂讲授
第8讲 公共事业管理的人力资源管理	公共事业组织的人力资源管理	中国方法 中国实践	我国公务员的胜任力模型,我国某环保部门的绩效考核体系案例	课堂讲授
	课程作业3	中国实践	"希望工程"丑闻案例	课后作业
第9讲 公共服务和服务管理	新公共服务之"新技术"	中国实践	从"一站式"到"最多跑一次"多地的"医联保"新服务	观看视频 课堂讲授
第10讲 中国公共事业管理体制改革、发展和创新	中国的事业单位体制	中国实践 中国案例	我国公共事业管理体制改革历程	课堂讲授 观看视频
	课程作业4	中国案例	故宫博物院的改革和创新	观看视频 课后作业 课堂讨论
第11讲 公共事业管理(科技、教育)	公共事业管理(科技)	中国案例	新冠疫情防控与疫苗的研发案例	课堂讲授 互动讨论
	公共事业管理(教育)	中国方法	中国教育事业管理体制的改革历程	课堂讲授
	课程作业5	中国实践	分析中国应试教育的"内卷"现实,并提出解决方案	课后作业 课堂讨论
第12讲 公共事业管理(文化、体育)	公共事业管理(文化)	中国方法	中国文化事业管理体制的改革历程	课堂讲授
	公共事业管理(体育)	中国方法 中国案例	中国体育事业管理体制的改革历程,中国女排"三起三落"的故事	课堂讲授 观看视频
第13讲 公共事业管理(卫生)	公共事业管理(卫生)	中国方法 中国实践	中国卫生事业管理体制改革新冠疫情防控管理	课堂讲授 观看视频 互动讨论
第14讲 非营利组织管理	非营利组织管理	中国实践	我国非营利组织的现状、问题与发展	课堂讲授 互动讨论
第15讲 社区管理	社区管理	中国理论 中国实践	费孝通的《二十年来之中国社区研究》,我国社区管理的实践模式(浦东模式)	课堂讲授 观看视频
社会实践	公共事业管理专业实践	本土实践	赴天台县白鹤镇、桐庐县大路村等实践基地展开实践调研	实地调研访谈

四、教学设计与教学实施

"公共事业管理学"是一门与社会发展实务紧密相关的课程,它映射出社会管理能力发展的过程。在高层次应用型公共管理人才培养目标的指导下,以学生为中心,融入课程思政,进行教学设计与实施。

(一)学情分析

(1)年龄特点。学生所处学期为大一第2学期,基本知晓课堂要求,但对专业内涵并没有充分的了解,对单纯的课堂讲授容易产生疲倦感。

(2)学科特点。公共事业管理属于专业核心课,学生可以通过公共事业管理的理论学习了解到理论与方法工具,但是对公共事业管理的具体问题、具体情境没有深入理解,对深层次的社会、政治问题了解不多。

(3)学习特点。学习态度比较认真,有一定的积极性,但学习中应试目的性强,没有形成自主学习的习惯,学习过程中缺乏理论分析、方法应用和批判性思考与开拓创新的意识。

(二)传统教学存在的问题

传统教学中,重知识传授,轻能力素质培养,导致形成僵化、千篇一律的教学方式,不利于培养社会所需的高水平应用型人才;教学方式以教师为主体,由教师牵着学生走,而学生围绕教师转。"注入式"的教学使学生学习受到很大限制,导致学习积极性低下。课程内容单一,脱离社会实际,传统"公共事业管理学"课程教学以西方公共管理理论为主,内容单一,难以适应中国当代社会发展的需求。

(三)教学目标

通过课程内容和教学设计,实现理论教学和技能实践相结合,全面培养理论和实践能力。

子目标1:构建公共事业管理理论体系。

子目标2:掌握公共事业管理方法工具。

子目标3:结合中外公共部门、社会企业公共事业管理创新、实务案例,理论联系实际。

子目标4:融入课程思政,学习新时代我国公共事业管理创新实践,寓道德教育和价值观教育于专业课程。

子目标5:通过理论学习、案例教学、课程作业和实践,培养综合素质能力。

(四)教学重难点

思政融合改革的实施,如何在课程中将理论与实践、显性与隐性相结合,进行全程的思政融合;从知识传授到能力素质培养,如何从单纯的知识传授到理论教学和相关实践相结合,全面提升理论和实践能力;实现教学方式的有效转变,如何从传统的课程讲授到创新教学方式,改善学生课程学习体验,提升学生的能力素养。

（五）教学策略

针对教学重难点，在教学策略上，融合课程思政，改革教学目标，创新教学方法。

（1）融合课程思政：坚持知识传授与社会主义核心价值观引领相结合，运用思政题材与内容，融入科学思维、经世济民等德育元素，让专业课程成为铸魂育人的生动课堂。

（2）改革教学目标：从单纯的知识传授到理论教学和相关实践相结合，全面培养理论和实践能力，帮助学生构建公共事业管理理论体系，并掌握公共事业管理方法工具；深入结合中外公共事业管理创新、实务案例，通过课程作业和案例报告实践培养学生综合能力。

（3）创新教学方法：从单纯的课程讲授转向基于线上、线下新技术和学习理论的新教学范式，注重学生的课程学习体验及能力提升。

（六）教学过程

在思政融合、创新教学的同时，进一步规范教学过程。

在学生学习方面，以学生为主体，做到课前预习，课中全程参与，课后作业研习。

在教师教学方面，以教师为主导。在课堂教学基础上，按时、按量给学生布置作业，进行作业批改（平时作业包括课程作业和案例报告，共计5次），开展阶段性测试（包括平时测试和期末测试共计3次）；进行线上线下混合教学，规范翻转课程学习、课件发布、作业提交的教学过程，在创新教学范式的同时进一步规范教学。

（六）形成性评价

学生课前课后研习。要求学生课后阅读文献、案例和著作，观看相关视频，基于行为学习理论按时、按量布置课程作业（课程作业计5次）。作业紧扣教材、难易适度、形式多样；作业批改规范化，帮助学生进行知识整合和输出，提升辩证思维和综合写作能力。

开展阶段性测试。测试紧扣教学大纲，题目表述准确，考查综合知识及应用能力，强调学生对阶段性知识的掌握（平时测试2次，期末1次，共3次），并运用测试结果进一步指导教学。

五、教学成效与教学反思

（一）教学成效

通过教学创新，有效落地了课程思政，创新了教学模式，规范了教学过程，改善了教学体验，提升了学生能力，形成了创新成果并推广应用。

1.落地课程思政

教学中坚持知识传授与社会主义核心价值观引领相结合，运用思政题材与内容，在教学中加入中西方公共事业战略管理的对比，我党、我国公共部门在公共事业创新与实践等课程内容，同时融入科学思维、经世济民等德育元素，让专业课程成为铸魂育人的生动课堂。思想政治教育有机内化为课程内容，在课堂教学中安排12课时的思政融合内容和8

课时的我国公共事业实践的思政教学,共计20课时的思政融合教学,实现思政与专业教学相融合的落地。

2.创新教学模式

基于线上教学技术和学习理论,在教学设计实现知识、能力、素质有机融合,培养学生解决问题的综合能力和高级思维,形成新的教学范式。实践教学带领学生走村入户(见图2),与地方共建实践教学基地,开展"驻地式"实训,让学生扎根基层实践锻炼,培育公共管理专业学生守初心、担使命的责任感。

图2　走村入户"驻地式"实训,融入本土实践

3.规范教学过程

在课堂教学的基础上,按时、按量给学生布置作业,进行作业批改(平时作业包括课程作业和案例报告,共计5次),开展阶段性测试(包括平时测试和期末测试共计3次);进行线上线下混合教学,规范翻转课程学习、课件发布、作业提交的教学过程,在创新教学范式的同时进一步规范教学。

4.改善教学体验

通过教学内容理论与实践、教学场景线上与线下、教学方式教师教授与学生学习等相结合的教学改革,实施课程学习评价反馈,促进教学体验的改善。

5.提升学生综合能力

通过教学创新,在教学中包含公共事业管理人才所需的相关知识、能力、素质,并进行有机整合,为学生打下良好的理论与实践基础,全面提升学生综合能力。本专业学生先后获得浙江省创新创业大赛,浙江省公共管理案例大赛一、二、三等奖,以及校级公共管理案例大赛奖项共计10余项。

6.形成创新成果并推广应用

形成本课程课程思政和新教学范式的创新成果,并将其应用到公共事业管理和行政管理2个专业的本科课程教学中;2021年起逐渐在公共管理系教师和各专业各个年级中推广教学创新成果,此后每年会有400多名公管专业学生受益。

(二)教学反思

一是课程思政的元素内容分散,关联性不强,缺少顶层设计。教学中,教师结合公共事业管理理论和方法的内容融入思政德育元素,但是思政各元素间关联性不强,没有形成完善的思政体系。二是教学方法创新没有形成成果和应用推广。后续要加强顶层设计,进一步对思政元素进行优化,形成完善的课程思政体系;同时,要夯实教学创新成果并推广应用。

六、教学特色与教学创新

通过教学内容、教学模式的创新,形成了"公共事业管理学"课程的教学特色和教学创新。

(一)教学内容的创新

1.融入思政元素

"公共事业管理学"作为为公共部门培养担当中华民族伟大复兴大任的专业管理人员的课程,课程思政中融入中国理论与方法、中国实践、中国历史与文化和本土实践等元素,思政元素占课程总课时超40%,让专业课程成为铸魂育人的生动课堂。

2.增加课程"深度",扩展课程"广度"

"公共事业管理学"是一门逻辑性很强的学科,在教学过程中要注意内容的新颖性及知识体系的深入,加深课程学习"深度";学生在思考解决问题的过程中,授课教师开展讨论互动式教学,鼓励学生从多元主体角度思考公共事业管理过程中的各类问题,为学生从不同角度观察、思考问题,用不同方法解决问题,拓展课程"广度"。

(二)教学模式的创新

本课程拓宽"教"与"学"的维度,采用线上MOOC模式获取知识类学习,习得技能和提升认知类学习以线下为主,形成全新的线上线下混合式教学新模式。

1.融入线上教学

教师选择中国大学MOOC平台、超星尔雅、学堂在线等现有的优质慕课资源,学生课前通过线上课程、微课促进知识扩充和内化,增强学生学习自主性。

2.创新课堂教学

开展基于认知学习理论的课堂讲授,帮助构建理论体系,介绍方法工具和实践案例。

板书和视觉引导:利用视觉交流渠道,通过板书标注重点内容,引导学生思路、帮助学生建立知识结构、指引学生由形象思维向抽象思维发展,创造良好的课堂氛围。

课堂讨论:课堂讨论是教师指导下师生双向互动的一种教学模式,把真实生活引入课堂,结合实际问题和案例,在课堂上开展以问题为导向的探究式学习讨论。学生可以发言讨论,各抒已见,改变传统模式教师台上唱独角戏、学生台下当观众的局面,让学生成为学习的主人。

图3是教师在开展中国安全分析与研讨。

图3　开展中国案例分析与研讨

PBL教学:(1)培养学生自主学习能力,教师课前提出问题—学生查找资料—分组讨论—教师总结;(2)以问题为导向,学生的一切学习内容是以问题为主轴架构的;(3)偏重小组合作学习与自主学习,学生通过合作交往提升协作能力、掌握发展技巧;(4)突出"课堂是灵魂、学生是主体、教师是主导"的教学理念。图4展示了教师在开展PBL教学活动。

图4　PBL教学:在游戏中探索管理的真谛

课后研习:课后阅读文献、案例和著作,观看相关视频,基于行为学习理论按时、按量布置课程作业(平时作业共4次)。作业紧扣教材、难易适度、形式多样;作业批改规范化,帮助学生进行知识整合和输出,提高其高级思维和综合写作能力。

案例实践报告:基于解决问题和决策理论,在课程中安排1次大型案例实践,并做案例分析报告,激发学生发挥潜能,对所学知识进行融会贯通和拓展应用,培养创新性思维和批判性思维。

阶段性测试:通过平时阶段性测试和期末考试,测试紧扣教学大纲,题目表述准确,强调综合知识及应用能力的考评,强调学生对阶段性知识的掌握(平时测试2次,期末1次,共3次),并运用测试结果进一步指导教学。

3.结合实践教学

"公共事业管理学"是一门实践性非常强的课程,在实践过程中,书本里的内容会变得更加鲜活。本课程紧密联系专业实践基地,带领学生前往学院实践教学基地台州市天台县白鹤镇、桐庐县大路村等展开实践调研与座谈,培养学生实际分析问题、解决问题的能力,完善课程理论。

(三)教学特色

基于学习理论创新教学范式的教学"七剑"是公共事业管理学专业教师在高水平"应用型"公共管理人才培养目标指导下研发的教学工具。这是一套基于学习理论,面向不同的教学内容和教学目标,灵活运用不同教学工具的方法论。该创新教学范式第一次整合了"混合式教学""翻转课堂""PBL教学"和"行动学习"等教学模式,解决了教师在不同教学内容和教学目标下,如何选最有效的教学工具的问题,具有理论性、应用性和融合性的特点。

图5为浙江工商大学杭州商学院公管系在桐庐学府小学的调研活动。表3具体展示了"公共事业管理学"课程教学"七剑"的相关特色。

图5 在桐庐学府小学调研公共事业教育领域管理

表3 "公共事业管理学"课程教学特色

教学"七剑"	教学内容	教学目标	理论基础
"一剑"：课堂讲授（视频、PPT板书）	学科或研究领域中的基本信息、概念和术语	获取知识	认识心理学：注意、信息处理、记忆
"二剑"：线上学习			
"三剑"：实操练习（课下作业、课堂发表）	程序性技能，重点是方法论和效率	习得技能	行为心理学：实操、练习
"四剑"：课堂共创	知识框架、思维模型	构建模型	建构主义、格式塔心理学
"五剑"：PBL教学	基于问题找出解决方案	培养决策与解决问题的能力	认知心理学、决策理论
"六剑"：案例分析	德育和素质教学、思政教育	思政教育	认知心理学
"七剑"：角色扮演（实习、实践）	通过真实体验实现创新发现和素质拓展	拓展认知	建构主义、体验式学习法

"公共事业管理学之目标管理"课程教案

课程项目："公共事业管理学"第4讲"公共事业管理方法与技术"第2节"公共事业目标管理"

课程名称：不可能的任务"最多跑一次"是如何实现的？

授课学生：公管2001

课程时间：45分钟

教学目的：(1)能够明确阐述目标管理的基本概念、PDCA步骤。

(2)掌握实施目标管理的关键要素和设定目标的SMART原则。

(3)掌握实施目标管理的步骤(PDCA)和目标管理计划制定"计划三部曲"。

教室要求：多媒体教室

所需资料和设备：电脑、投影仪、话筒、白板(60cm×90cm)、海报纸、N次贴、学生自备笔纸。

学生前期准备：

(1)课前学习,线上课程(中国MOOC,北京师范大学《管理学》第3章目标与战略)。

(2)课前思考,思考目标管理的概念和意义,以及如何在公共部门开展目标管理的工作,收集公共部门目标管理的问题。

教学内容：

(1)导入:承上启下,说明本堂课程内容和目标。

(2)目标管理概述:在线上课程基础上,明确目标管理的概念和意义。

(3)目标管理关键要素:通过课程活动,学员共创目标管理关键要素。

(4)目标管理实施与"计划三部曲"。

a.在线上课程基础上,进一步阐述PDCA,同时引入"计划三部曲"。

b.运用"如何通过四级考试"的实例,阐述"计划三部曲"的具体内容。

c.运用"最多跑一次"案例,分析和阐述浙江省委省政府是如何通过"计划三部曲"实现"最多跑一次"这一复杂的系统工程的。

(5)总结:总结课程内容,并运用案例升华对内容的理解和认识。

教学设计:

表1 "公共事业管理学之目标管理"课程教学设计

课程内容	教学方式	教师角色	学员角色	时间安排
课前线上学习、思考(45分钟+15分钟)				
	学员课前线上MOOC学习	布置学习课程	线上聆听	90分钟
	学员课前思考	布置课前任务、指导	课前思考	15分钟
线下课关键内容共创与案例分析(45分钟)				
导入: 承上启下,说明本堂课程内容和目标	课堂讲授 课堂提问	讲授 提问	聆听 回答问题	2分钟
目标管理概述: 在线上课程基础上,明确目标管理的概念和意义	课堂讲授 课堂提问	讲授 提问	聆听 思考、回答问题	5分钟
目标管理关键要素: 通过课程活动,学员共创目标管理关键要素	课堂PBL活动: 设计任务,在课堂中学生分组讨论与完成任务	PBL活动指导	分组讨论、完成任务 研讨复盘、讨论	8分钟
	基于视觉引导的学生共创: 用视觉引导和学生共创的方式,通过活动复盘,研讨构建"目标管理关键要素"	PBL活动复盘引导,视觉引导、记录	分组发表 思考、回答问题	10分钟
目标管理实施与"计划三部曲": (1)在线上学习基础上,进一步明确目标管理实施PDCA工具。 (2)运用"如何通过四级考试"的实例,阐述"计划三部曲"的具体内容。 (3)运用"最多跑一次"案例,分析和阐述浙江省委省政府是如何通过"计划三部曲"实现"最多跑一次"这一复杂的系统工程的	基于案例教学、视觉引导的学生共创: 用视觉引导和学生共创的方式,通过"考四级"实例讨论构建目标管理"计划三部曲"	视觉引导、记录讲述、提问	思考、回答问题	5分钟
	视频播放: 浙江省"最多跑一次"视频1,引入案例引发思考	播放视频	收看、聆听	4分钟
	基于思政案例教学、视觉引导的师生共创: 用视觉引导和师生共创的方式,通过"最多跑一步"案例的研讨,构建"最多跑一步"是如何实施的	视觉引导、记录提问	思考、回答问题	7分钟

课程内容	教学方式	教师角色	学员角色	时间安排
目标管理实施与"计划三部曲"	视频播放：浙江省"最多跑一次"视频2，进行"计划三部曲"总结	播放视频旁白总结	收看、聆听	4分钟
总结：总结课程内容，并运用案例升华对内容的理解和认识	总结课程内容，并运用案例升华对内容的理解和认识。布置课后作业以"通过四级"或"考研"为例	宣讲		5分钟

课程创新：

（1）教学理念从"以教师为中心"到"以学生为中心"，运用学习理论，符合学科特色与课程要求。

（2）教学模式从纯线下课堂到线上线下混合教学，把获取知识类学习采用线上MOOC学习，习得技能和提升认知类学习以线下为主。

（3）教学方法从纯教师讲授到教学"七剑"的运用，面向不同的教学内容和教学目标，在课堂灵活运用不同教学工具的方法论。

（4）教学内容从学科知识体系教学到"有深度和广度"，深度体现在知识到技能和素养拓展，广度体现在传统公共知识到新时代公共服务创新。

（5）教学目标从知识型人才培养到应用型人才培养，课堂学习重在核心概念和能力提升。

（6）教学过程从"以教师为主"到"以学生为中心"，由以学生为主体进行课程内容的共创，学生活动和共创占课堂25分钟（56%）。

（7）课程思政从传统案例教学到新时期思政案例教学。

（8）内容呈现从纯PPT到"视觉引导"，通过视觉引导，把课堂转化为课堂核心内容的共创空间，教师设问、学生思考与表达得以融合和呈现。

（9）教学效果从学生安静听讲、通过考试，到深度参与、能力提升，学生的知识、能力和素养得到全面发展，达成高层次应用型公共服务人才的培养目标。

"会计信息系统"课程思政微课设计

①

一、基本信息

表1展示了"会计信息系统"课程的基本信息。

表1　"会计信息系统"课程基本信息

课程名称	会计信息系统		
课程性质	专业课	授课对象	会计专业、财务管理专业、审计学专业学生
微课章节名称（3个）	（1）"岂曰无衣，与子同袍"——课程开篇	（2）"若言琴上有琴声，放在匣中何不鸣"——会计信息化体系架构	（3）"小荷才露尖尖角，早有蜻蜓立上头"——大数据与会计

二、教学设计

本课程育人元素是庄子技术哲学和国家信息化发展战略。根据"盐巴"理论，本课程慎重选择课程思政内容，精心设计课程思政与专业内容的融合，做到"润物细无声"。"会计信息系统"切入课程思政的知识点，如表2所示。

表2　切入课程思政的课程知识点

课程知识点	课程思政内容
第1章 导论 第1节 课程开篇	结合新冠疫情，围绕"共同体"展开
第1章 导论 第3节 课程介绍	《庖丁解牛》

① 杨春华，浙江工商大学会计学院副教授。

课程知识点	课程思政内容
第2章 会计信息系统总论 第1节 会计信息化发展历程	《国家信息化发展战略纲要》《"十四五"国家信息化规划》 党的十九大报告 《数字中国建设发展报(2018)》 《新一代人工智能发展规划》 《习近平:实施国家大数据战略加快建设数字中国》 《习近平:推动我国新一代人工智能健康发展》 《庄子·逍遥游》 《庄子·齐物论》
第2章 会计信息系统总论 第2节 会计信息化体系	《庄子·齐物论》 《琴诗》
第3章 会计信息系统应用 第2节 实验操作指南	党的十九大报告 《庖丁解牛》
第4章 会计信息系统管理与控制 第3节 会计信息系统风险控制	《习近平总书记在网络安全和信息化工作座谈会上的讲话》 "十四五"规划
第6章 财务共享服务 第1节 认知财务共享服务	习近平总书记新发展理念
第8章 Excel会计信息分析	《轮扁斲轮》
第9章 新技术与数智财务 第1节 新技术介绍	"十四五"规划 《习近平:实施国家大数据战略加快建设数字中国》 《习近平:推动我国新一代人工智能健康发展》 《庄子·天地》

《高等学校课程思政建设指导纲要》中指出:"培养什么样的人、怎样培养人、为谁培养人是教育的根本问题。"不同性质的课程应选取适合课程特征的思政内容。"会计信息系统"是专业课程,课程思政建设从课程所涉及的信息化角度出发,融入庄子技术哲学和国家信息化发展战略,帮助学生了解信息化国家战略和相关政策,增加课程的人文性。

根据融入思政内容的专业知识点的不同,思政内容通过3种路径有机融入课程内容:(1)与基础理论内容结合的育人元素,如以"系统观"切入会计信息化体系架构知识点的《庄子·齐物论》语句,采用课堂讲授方式;(2)与实践操作内容结合的育人元素,如以"熟能生巧"切入会计信息系统应用的《庖丁解牛》,采用实践体验方式;(3)与探讨性理论内容结合的育人元素,如以"数字经济"切入大数据与会计知识点的国家"十四五"规划,采用PBL方式,具体采取问题讨论、案例分析、主题辩论等方式。

下面结合上述3个微课视频来介绍具体教学设计。

1."岂曰无衣,与子同袍——课程开篇"课程设计

(1)教学设计思路。

这部分是课程简介,融入的思政内容是"人类命运共同体"。2020年新冠疫情是学生

亲身经历的事件,带来了课程教学的新变革,课程实施线上教学,在课程开篇时需要跟学生进行交流和沟通。因此,这部分思政内容微课教学设计思路如图1所示。

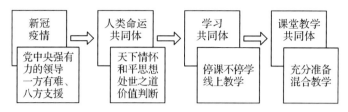

图1 "岂曰无衣,与子同袍——课程开篇"课程思政教学设计思路

教学从新冠疫情谈起,体现我国党中央的强有力领导和一方有难、八方支援的优良传统。面对疫情,任何国家都不能独善其身,从而引申到"人类命运共同体"。因为疫情,停课不停学,实施线上教学,从而引申到由学校、老师、学生构筑的"学习共同体"。最后,本课程为实施线上教学做了充分准备,希望与学生、技术、场景构筑"课堂教学共同体"。

在学生学习"岂曰无衣,与子同袍——课程开篇"课程的基础上,组织学生探讨"线上教学是录播好还是直播好?",让学生感受到"课堂教学共同体",参与到课堂教学设计中,激发学生学习课程的兴趣,培养学生的责任感。具体课堂流程如图2所示。

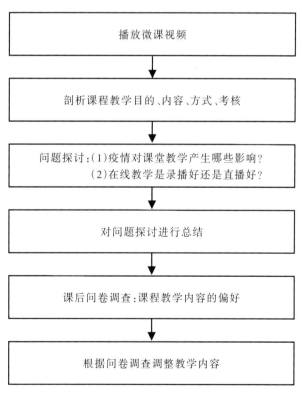

图2 微课视频

（2）思政教育的课程目标。

学校坚持"专业成才、精神成人"的人才培养理念，致力于培养应用型、复合型、创新型的"大商科"人才。会计学院致力于培养德、智、体、美、劳全面发展的管理型高级会计专业人才，秉承学校办学理念和专业人才培养目标，通过本课程的学习，将达到以下教学目标。

知识目标：①使学生能清晰记忆会计信息系统、企业资源计划、可拓展商业报告语言、财务共享服务、数智财务的基本概念；②使学生能明确描述会计信息化、企业资源计划、财务共享服务、数智财务的基本原理。

能力目标：①使学生能熟练操作财务软件、XBRL、Excel工具，运用XBRL、Excel分析会计信息，具备数据处理与分析能力；②使学生能运用企业资源计划和财务共享基本理论分析企业ERP和财务共享实施问题，具备发现问题、分析问题、解决问题的能力。

素质目标：①融入"创新、协调、绿色、开放、共享"的新发展理念，使学生具有新发展理念和新时代精神；②融入国家信息化发展战略和建设成果，使学生具备积极参与数字经济建设的责任与担当；③融入庄子技术哲学和中国诗词，使学生拥有文化自信、哲学批判性思维和刻苦钻研的精神；④通过知识、能力及伦理的培养，学生应拥有数字经济时代所需的高信息素养，能够利用知识、技能、态度和价值观，在数字经济时代自定航向。

2."若言琴上有琴声，放在匣中何不鸣——会计信息化体系构架"课程设计

这部分课程知识点是会计信息化体系，融入的思政内容是苏轼的《琴诗》和《庄子·齐物论》里的语句。苏轼的琴诗和《庄子·齐物论》里的语句都体现出"系统观"，会计信息化体系也是会计信息化的"系统"架构，两者在"系统"上共鸣。这部分思政内容微课教学设计思路如图3所示。

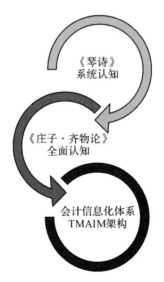

图3 "若言琴上有琴声，放在匣中何不鸣——会计信息化体系架构"课程思政教学设计思路

首先，教学从苏轼的《琴诗》开始，相比于《庄子·齐物论》语句，学生对诗歌更熟悉，也

更能理解。接着，由简单到深奥，引出《庄子·齐物论》语句。这两者都说明要系统全面地认知事物。然后，通过提问"如何系统认识会计信息化"引申出会计信息化TMAIM体系架构。通过对TMAIM体系架构的整体介绍，学生可以系统性地认知会计信息化。

在学生学习"若言琴上有琴声，放在匣中何不鸣——会计信息化体系架构"课程的基础上，引导学生关注国家信息化相关政策。通过下次课前测试中的1—2个测试题目，检查学生的了解情况，且能激励学生主动了解相关政策。具体课堂教学流程如图4所示。

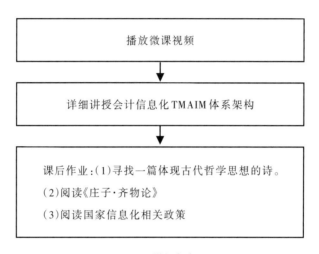

图4　微课视频

3."小荷才露尖尖角，早有蜻蜓立上头——大数据与会计"课程设计

这部分课程知识点是大数据与会计，融入的思政内容是国家"十四五"规划中关于数字经济的内容，让学生有准备地迎接数字经济时代，意在激发学生投身国家数字经济建设的责任与担当，培养批判性思维。这部分思政内容微课教学设计思路如图5所示。

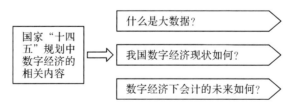

图5　"小荷才露尖尖角，早有蜻蜓立上头——大数据与会计"课程思政教学设计思路

课堂教学从国家"十四五"规划中数字经济相关内容入手，让学生了解他们以后学习、工作和生活的大背景。接着，引申出3个问题：什么是大数据？我国数字经济现状如何？数字经济下会计的未来如何？最后分别对这3个问题进行诠释。

在学生学习"小荷才露尖尖角，早有蜻蜓立上头——大数据与会计"的基础上，组织学生探讨"面对数字经济下的会计转型，作为会计专业的学生应如何做好准备"，引导学生有准备地迎接数字经济时代。具体课堂教学流程如图6所示。

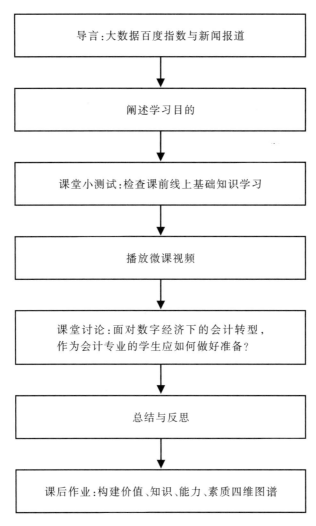

图6 "小荷才露尖尖角,早有蜻蜓立上头——大数据与会计"课程课堂教学流程

三、特色及创新

"价值与知识并举,文化与科技齐飞"是本课程思政教学的特色与创新,主要体现在:

1.专业与思政高度融合

课程思政建设内容的选择很重要,"融合"是选择思政内容的重要原则。本课程精心选择了庄子技术哲学和国家信息化战略内容,如盐入水般融入课程内容。

2.多元化实施路径

关于课程思政内容教学形式,应根据其内容选择合适的展现形式,而不该千篇一律。本课程理论性内容以视频的方式来展现,这样可以充分利用多种辅助工具生动地展示,实践性内容则通过体验的方式来展示。

3.内容展示灵活生动

本课程思政内容尽量改革传统的一言堂讲授方式,尽可能采用生动有趣的展示方式,这符合现代学生的审美和习惯,以激发学生学习兴趣。

4.采用参与式学习模式

本课程思政内容教学采取讨论、案例等教学方法,尽量让学生参与,参与感会提升学生学习热情。